民族文字出版专项资金资助项目

藏族嘉言萃珍（藏汉对照绘图本）

༄༅། །ས་སྐྱ་ལེགས་བཤད།

萨迦格言

萨班·贡噶坚赞　著

仁增才郎　译

青海人民出版社

图书在版编目（CIP）数据

萨迦格言：绘图本：藏汉对照 /（宋）萨班·贡噶坚赞著；仁增才郎译. -- 西宁：青海人民出版社，2019.11（2020.11 重印）
（藏族嘉言萃珍）
ISBN 978-7-225-05884-9

Ⅰ. ①萨… Ⅱ. ①萨… ②仁… Ⅲ. ①藏族—格言—汇编—中国—汉、藏 Ⅳ. ① H214.3

中国版本图书馆 CIP 数据核字（2019）第 271545 号

藏族嘉言萃珍

萨迦格言（绘图本：藏汉对照）

（宋）萨班·贡噶坚赞　著
仁增才郎　译

出 版 人　樊原成
出版发行　青海人民出版社有限责任公司
西宁市五四西路 71 号　邮政编码：810023　电话：（0971）6143426（总编室）
发行热线　（0971）6143516 / 6137730
网　　址　http://www.qhrmcbs.com
印　　刷　青海雅丰彩色印刷有限责任公司
经　　销　新华书店
开　　本　787 mm × 1092 mm 1/32
印　　张　8.25
字　　数　150 千
版　　次　2020 年 4 月第 1 版　2020 年 11 月第 2 次印刷
书　　号　ISBN　978-7-225-05884-9
定　　价　32.00 元

༄། །རྒྱ་གར་སྐད་དུ། སུབྷཱ་ཥི་ཏ་རཏྣ་ནི་དྷི་ནཱ་མ་ཤཱསྟྲ།

བོད་སྐད་དུ། ལེགས་པར་བཤད་པ་རིན་པོ་ཆེའི་གཏེར་ཞེས་བྱ་བའི་བསྟན་བཅོས།

格言珍珠宝藏

༄༅། །དཀར་ཆག
目录

འཕགས་པ་འཇམ་དཔལ་གཞོན་ནུར་གྱུར་པ་ལ་གུས་པས་ཕྱག་འཚལ་ལོ། །

恭敬礼拜文殊妙吉祥菩萨！

ལྷ་ཡི་མཆོག་དང་ཀླུ་དབང་གྲུབ་པ་རིག་འཛིན་གཙོ། །
དྲང་སྲོང་རྒྱས་པ་གྲོག་མཁར་བ་དང་རྐང་མིག་སོགས། །
ཀུན་ནས་དགའ་བའི་གཙུག་གི་ནོར་བུས་ཞབས་མཆོད་པ། །
འགྲོ་བའི་གཙོ་བོ་ཀུན་མཁྱེན་དེ་ལ་བདག་ཕྱག་འཚལ། །

帝释龙王自在成就者，广成蚁蛭足目等诸仙，

皆喜叩首示敬其足者，虔诚跪拜释迦众生主。

རིགས་པས་དཔྱད་ན་ཆོས་ལུགས་མི་འགལ་ཞིང་། །
འཇིག་རྟེན་བྱ་བ་ཀུན་ནས་ལེགས་བསྒྲུབ་པ། །
དམ་པ་རྣམས་ཀྱི་སྤྱོད་ཚུལ་ཅི་འདྲ་ཞིག །
བཤད་པ་འདི་ནི་ལེགས་བཤད་རིན་ཆེན་གཏེར། །

智慧明辨不违诸教法，圆满成就所有世间事，

依据圣者品行实叙述，就可冠为格言宝珠藏。

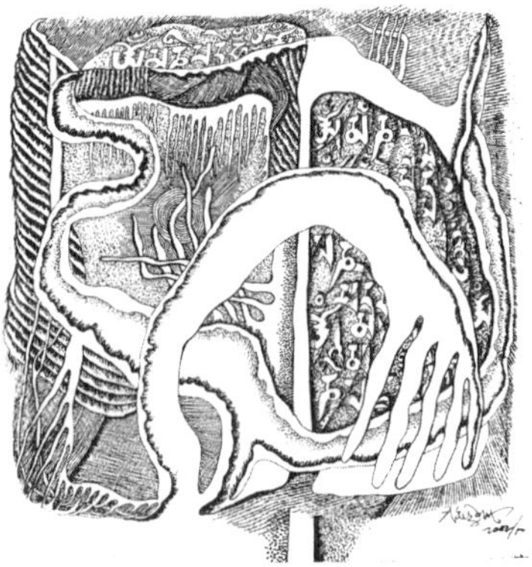

རབ་ཏུ་བྱེད་པ་དང་པོ། མཁས་པ་བརྟག་པ།

第一品　辨智者篇

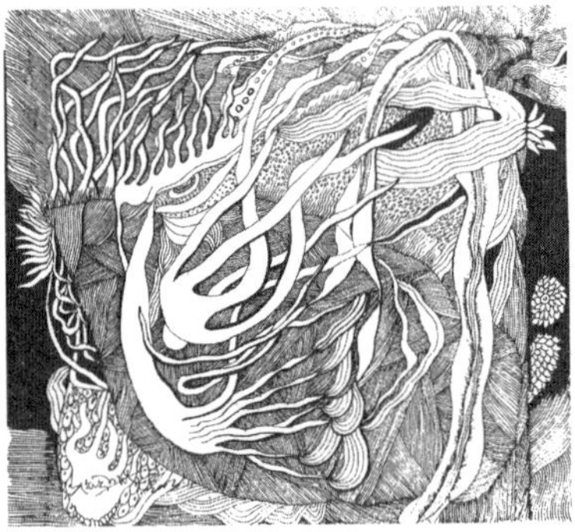

1

མཁས་པ་ཡོན་ཏན་མཛོད་འཛིན་པ། །
དེ་དག་ལེགས་བཤད་རིན་ཆེན་སྡུད། །
རྒྱ་མཚོ་ཆེན་པོ་ཆུ་བོའི་གཏེར། །
ཡིན་ཕྱིར་ཆུ་བོ་ཐམས་ཅད་འབབ། །

智者拥有智慧藏，
仍然积累智慧言；
大海本为江河藏，
所有江河流向海。

2

སྐྱེ་བོ་ཡོན་ཏན་ཡོད་མེད་པའི། །
བླང་དོར་བློ་གྲོས་ལྡན་པ་མཁས། །
རྡུལ་དང་འདྲེས་པའི་ལྕགས་ཕྱེ་རྣམས། །
ཁབ་ལེན་རྡོ་ཡིས་ལེན་པར་ཤེས། །

不管是否有智慧，
通达取舍是智者；
铁屑混于灰尘中，
磁铁能够从中吸。

3

ལེགས་བཤད་མཁས་པའི་བློ་གྲོས་ཀྱིས། །
གོ་ཡི་བླུན་པོས་དེ་ལྟ་མིན། །
ཉི་མའི་འོད་ཟེར་ཤར་བ་ན། །
འབྱུང་པོའི་བྱ་རྣམས་ལོང་བར་འགྱུར། །

智者善解智慧言，
愚者却无此智慧；
犹如阳光普照时，
鸱鸮就会成瞎子。

4

ཤེས་རབ་ལྡན་པས་ཉེས་པ་དག །
སེལ་བར་ནུས་ཀྱི་བླུན་པོས་མིན། །
ནམ་མཁའ་ལྡིང་གིས་དུག་ཅན་སྦྲུལ། །
གསོད་པར་ནུས་ཀྱི་ཁྭ་ཏས་མིན། །

智者能除诸罪恶，
愚者没有此能力；
金鹏敢啄巨毒蛇，
乌鸦缺乏此勇气。

5

བློ་གྲོས་ཆེན་པོ་རྒུད་ན་ཡང་། །
ལྷག་པར་བློ་གྲོས་སྟོབས་ལྡན་འགྱུར། །
རི་དྭགས་རྒྱལ་པོ་བཀྲེས་པ་ན། །
གླང་ཆེན་སྤྱི་བོ་མྱུར་དུ་འགེམས། །

智者虽然遭挫折，
仍能变得更强大；
雄狮虽被饥饿困，
仍能击碎大象头。

6

མཁས་པ་བརྗོད་ཅིང་མ་དྲིས་པ། །
དེ་ཡི་བར་དུ་གཏིང་མི་དཔོགས། །
རྔ་ལ་དབྱུ་གུས་མ་བརྡུན་པར། །
དེ་སྲིད་གཞན་དང་ཁྱད་ཅི་ཡོད། །

不与智者辩和问，
很难知晓其智慧；
不以槌子来敲击，
鼓与它物无区别。

7

རིག་པ་ནངས་པར་འཆི་ཡང་བསླབ། །
ཚེ་འདིར་མཁས་པར་མ་གྱུར་ཀྱང་། །
སྐྱེ་བ་ཕྱི་མར་བཅོལ་བ་ཡི། །
ནོར་ལ་རང་ཉིད་ལེན་པ་འདྲ། །

尽管明日要离世，
也要勤学诸学问；
今生不能成智者，
如为来世储资粮。

8

ཡོན་ཏན་ལྡན་ན་སྐྱེ་བོ་ཀུན། །
མ་བསྡུས་པར་ཡང་རང་ཉིད་འདུ། །
དྲི་ལྡན་མེ་ཏོག་རྒྱང་རིང་ཡང་། །
བུང་བ་སྤྲིན་གྱི་ཚོགས་བཞིན་འཁོར། །

若是拥有学问者，
众人自愿来请教；
鲜花虽然开远方，
蜂群云聚其周围。

9

མཁས་པ་ཡོན་ཏན་ཀུན་བསླབས་པ། །
མཐར་ཕྱིན་གཅིག་གིས་འཇིག་རྟེན་གསལ། །
བློ་ངན་ཤེས་པ་མང་ན་ཡང་། །
རྒྱུ་སྐར་བཞིན་དུ་གསལ་མི་ནུས། །

智者勤学诸学问，
精通部分知天下；
愚者虽然见识广，
不具光明如星星。

10

མཁས་པ་ཡོན་ཏན་དཔག་མེད་ཀྱང་། །
གཞན་གྱི་ཡོན་ཏན་ཆུང་ངུའང་ལེན། །
དེ་ལྟར་རྒྱུན་དུ་སྤྱོད་པ་ཡིས། །
མྱུར་དུ་ཐམས་ཅད་མཁྱེན་པར་འགྲོ། །

智者学问虽渊博，
仍取他人微功德，
若能坚持此美德，
很快成为遍知者。

11

མཁས་པ་ཤེས་རབ་ཀྱིས་བསྲུངས་ན། །
དགྲ་བོ་མང་ཡང་ག་ལ་ཚུགས། །
འཕགས་རྒྱལ་གྱི་ནི་བྲམ་ཟེའི་བུ། །
གཅིག་པུས་དགྲ་བོའི་ཚོགས་ཀུན་བཅོམ། །

智者以智护自己，
敌人再多也无奈；
犹如乌仗婆罗门，
独自战胜所有敌。

12

བློ་ཆུང་གྲོས་ཉེས་འཁྲུགས་པའི་ཚེ། །
བློ་ལྡན་ཐབས་ཀྱིས་བདེ་བར་གསོ། །
ཆུ་སྙུང་རྙོག་པས་ཆུད་གསན་པ། །
ཆུ་དྭངས་ནོར་བུས་དྭངས་པར་བྱེད། །

愚者议事起冲突，
智者设法促平和；
河水浑浊不清时，
净水宝珠能变清。

13

མཁས་པ་ཇི་ལྟར་ཐབས་བཏུགས་ཀྱང་། །
བླུན་པོ་འཇུག་པའི་ལམ་མི་འགྲོ། །
ཆར་སྐྱོད་བྱིའུ་སྐོམ་ན་ཡང་། །
ས་ལ་འབབ་པའི་ཆུ་མི་འཐུང་། །

智者穷困潦倒时，
绝不选择愚者路；
燕子饥渴难忍时，
不吃落地之污水。

14

ཤེས་རབ་ལྡན་པ་མགོ་བསྐོར་ཡང་། །
བྱ་བའི་ཆ་ལ་རྨོངས་མི་འགྱུར། །
སྲོག་ཆགས་གྲོག་མ་མིག་མེད་ཀྱང་། །
མིག་ལྡན་གཞན་ལས་ལྷག་པར་མགྱོགས། །

智者虽然遭欺骗，
办理大事不糊涂；
蚂蚁虽然没眼睛，
比起有眼者更快。

15

བློ་གྲོས་ལྡན་པ་གཉིས་བགྲོས་ན།།
བློ་གྲོས་ལེགས་པ་གཞན་འབྱུང་སྲིད།།
ཡུང་བ་དང་ནི་ཚ་ལ་ལས།།
ཁ་དོག་གཞན་ཞིག་སྐྱེ་བར་འགྱུར།།

两位智者商议事，
必能获得好办法；
姜黄硼砂相匹配，
调出其他美丽色。

16

ཡོན་མཛངས་བསོད་ནམས་བསགས་པའི་མི།།
གཅིག་པུ་ཡིན་ཡང་ཀུན་ལས་རྒྱལ།།
རི་དྭགས་རྒྱལ་པོ་སེང་གེ་དང་།།
འཁོར་ལོས་སྒྱུར་ལ་གྲོགས་མི་དགོས།།

智慧福泽兼具者，
独自战胜所有敌；
兽王雄狮转轮王，
不用朋友做助威。

17

ཐབས་ལ་མཁས་ན་ཆེན་པོ་ཡང་། །
བྲན་དུ་བཀོལ་བར་ག་ལ་དཀའ། །
མཁའ་ལྡིང་མཐུ་རྩལ་ཆེ་ན་ཡང་། །
གོས་སེར་ཅན་གྱི་བཞོན་པར་འགྱུར། །

精于运筹帷幄者，
役使强者并不难；
金鹏虽有大本领，
仍是毗纽天坐骑。

18

འཇིག་རྟེན་འདི་དང་ཕ་རོལ་གྱི། །
བདེ་བ་བསྒྲུབ་པ་ཤེས་རབ་ཡིན། །
རྒྱལ་བུ་ཟླ་བའི་ཤེས་རབ་ཀྱིས། །
བྲན་བཟང་འདི་དང་ཕྱི་མར་བསྐྱབས། །

成就今生来世乐，
只能依靠智慧力；
达瓦王子依智慧，
拯救真桑今来世。

19

དཔའ་ཞིང་མཐུ་རྩལ་ཆེ་ན་ཡང་། །
མཁས་པ་མིན་པས་དཔལ་མི་ཐོབ། །
འབྱོར་པ་ཐོབ་པར་གྱུར་ན་ཡང་། །
བསོད་ནམས་མེད་ན་ག་ལ་རྟག །

尽管英勇又顽强，
不是智者难吉祥；
尽管获得大财富，
没有福分难长久。

20

ཡོན་ཏན་སྐྱོན་གཉིས་སུས་ཀྱང་གསལ། །
འདྲེས་པ་འབྱེད་ཤེས་མཁས་པ་ཡིན། །
ཆུ་ལས་འོ་མ་ངང་པས་ཕྱེད། །
བ་ལས་འོ་མ་ཀུན་གྱིས་ལོངས། །

皆知功过有区别，
智者辨明细微差。
母牛挤奶人人会，
天鹅分离水和奶。

21

སྨྲས་ཤིང་བསྐུལ་བར་གྱུར་པ་ན། །
དུད་འགྲོ་ལ་ཡང་གོ་བ་སྐྱེ། །
མ་བསྐུལ་གཞན་གྱིས་མ་སྨྲས་ཀྱང་། །
བསམ་པ་ཤེས་ན་མཁས་པ་ཡིན། །

时常嘱托又催促，
即使牲畜有所悟；
不用嘱托和催促，
心领神会是智者。

22

བློ་དང་ལྡན་ན་མ་སྨྲས་པར། །
རྣམ་འགྱུར་ཉིད་ལས་བསམ་པ་གོ །
བལ་པོའི་སེའུ་མ་ཟོས་ཀྱང་། །
ཁ་དོག་ཉིད་ལས་བྲོ་བ་ཤེས། །

智者不用多解释，
依靠表情能断意；
尼泊尔石榴不尝，
依色能断其滋味。

23

མཁས་པ་རང་གི་ཡུལ་བས་ཀྱང་། །
ཡུལ་ཁམས་གཞན་ན་མཆོད་པ་ཐོབ། །
ནོར་བུ་གཞན་དུ་ཁྲིན་པ་ཙམ། །
རྒྱ་མཚོའི་གླིང་དུ་ག་ལ་ཁྲིན། །

智者比起自家乡，
异地更能获敬仰；
珠宝在外能畅销，
孤岛哪会有销路？

24

མཁས་པ་སློབ་པའི་དུས་ན་སྡུག །
བདེ་བར་སྡོད་ལ་མཁས་མི་སྲིད། །
བདེ་བ་ཆུང་ལ་ཆགས་པ་དེས། །
ཆེན་པོའི་བདེ་བ་ཐོབ་མི་སྲིད། །

求学之路备艰辛，
贪图安乐难成才，
贪恋微小安乐者，
很难获得殊胜乐。

25

བློ་དང་ལྡན་ན་ཉམ་ཆུང་ཡང་། །
སྟོབས་ལྡན་དགྲ་བོས་ཅི་བྱར་ཡོད། །
རི་དྭགས་རྒྱལ་པོ་སྟོབས་ལྡན་ཡང་། །
རི་བོང་བློ་དང་ལྡན་པས་བསད། །

智者虽然显卑微，
强敌仍然无奈何；
兽王尽管强有力，
却被智兔夺其命。

26

སེམས་ཅན་གཞན་དང་རྗེས་མཐུན་པའི། །
སྤྱོད་པ་ཤེས་ན་མཁས་པ་ཡིན། །
དུད་འགྲོ་ཡིན་ཡང་རིགས་མཐུན་རྣམས། །
ཁྱུ་གཅིག་ཏུ་ནི་མི་གནས་སམ། །

懂得与人和睦处，
方能显示智者举；
动物虽然俯首行，
仍与同类安相聚。

27

ངེས་པར་འབྱུང་བའི་བྱ་བ་འགའ།།
མ་གྲུབ་པ་ན་དཔྱོད་པའི་ཚེ།།
མཁས་རྨོངས་གཉིས་ཀྱི་ཁྱད་པར་ཤེས།།
གྲུབ་ནས་དཔྱོད་པ་བླུན་པོའི་ཚུལ།།

事前分析与判断，
可以辨明智与愚，
事后分析诸事因，
便是愚者之行径。

28

མཁས་པ་རྣམས་ཀྱིས་དཔྱད་པ་ཡི།།
ཤེས་བྱ་ཤེས་ན་མཁས་པར་བགྲང་།།
བ་ལང་རྒན་གཞོན་དཔྱོད་པ་ལ།།
བླུན་པོ་མཁས་ཀྱང་ཡོན་ཏན་མིན།།

洞悉智者所辨事，
方入智者之行列；
只会鉴别牛龄者，
不宜算作高学问。

29

རྒྱ་མཚོ་ཆུ་ཡིས་མི་ངོམས་ཤིང་། །
རྒྱལ་པོའི་བང་མཛོད་ནོར་གྱིས་མིན། །
འདོད་ཡོན་སྤྱོད་པས་མི་ངོམས་ཏེ། །
མཁས་པ་ལེགས་བཤད་ཀྱིས་མི་ངོམས། །

大海不会嫌水多，
国库不嫌财富多；
凡夫不嫌享受多，
智者不嫌格言多。

30

ལེགས་བཤད་བྱིས་པ་དག་ལས་ཀྱང་། །
མཁས་པ་རྣམས་ནི་ཡོངས་སུ་ལེན། །
དྲི་ཞིམ་བྱུང་ན་རི་དྭགས་ཀྱི། །
ལྟེ་བ་ལས་ཀྱང་གླ་རྩི་ལེན། །

格言虽出小孩口，
智者如理去吸收；
散发芬芳的麝香，
虽在兽脐亦取出。

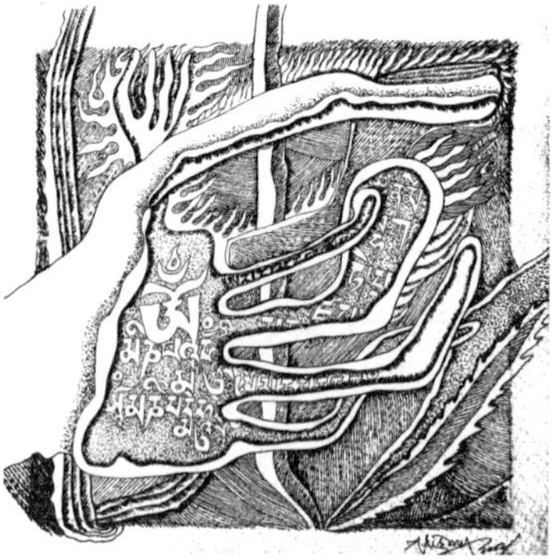

རབ་ཏུ་བྱེད་པ་གཉིས་པ། ཡ་རབས་བརྟག་པ།

第二品 辨善者篇

31

ཏག་ཏུ་དམ་པའི་ཡོན་ཏན་རྣམས། །
སྐྱེ་བོ་དམ་པས་ལྷག་པར་སྒྲོགས། །
མ་ལ་ཡ་ཡི་ཙན་དན་དྲི། །
རླུང་གིས་ཕྱོགས་བཅུར་རྒྱས་པར་བྱེད། །

智者殊胜诸功德，
贤者特意做宣扬；
马拉雅之檀香味，
微风传送至十方。

32

དམ་པ་དཔོན་དུ་བསྐོས་གྱུར་ན། །
དོན་གྲུབ་པ་དང་བདེ་སྐྱིད་འཐོབ། །
ནོར་བུ་རྒྱལ་མཚན་རྩེར་མཆོད་ན། །
ཡུལ་ཕྱོགས་དགེ་ཞེས་མཁས་རྣམས་སྒྲོགས། །

委派圣贤做官员，
既能成事又获福；
宝石镶供宝幢顶，
智者称颂泽一方。

33

རྒྱལ་ངན་གཞན་གྱིས་གཙེས་པ་ན། །
ལྷག་པར་ཆོས་རྒྱལ་དྲན་པར་འགྱུར། །
རིམས་ཀྱིས་བཏབ་པའི་སེམས་ཅན་རྣམས། །
གངས་ཆུ་འབབ་ཞིག་ཡིད་ལ་བྱེད། །

遭遇暴君残害时，
更加思念殊胜王；
众生蒙受疫苦时，
只会想念雪山水。

34

སྡིག་སྤྱོད་རྒྱལ་པོས་གཙེས་པ་ན། །
མི་དབང་ཆོས་རྒྱལ་ལྷག་པར་སྐྱོང་། །
འབྱུང་པོའི་གདོན་གྱིས་བཏབ་པ་ལ། །
གསང་སྔགས་གྲུབ་པས་རྗེས་སུ་འཛིན། །

惨遭暴君迫害时，
法王更加护其民；
遭逢恶魔缠身时，
金刚上师会护持。

35

དམ་པ་ཕྱིག་པ་ཆུང་ཡང་སྤོང་། །
དམན་རྣམས་ཆེན་པོའང་དེ་ལྟ་མིན། །
ཞོ་ལ་རྡུལ་ཕྲན་འབྱར་བ་སེལ། །
ཆང་ལ་ཕབས་ཀྱང་ལྷག་པར་འདེབས། །

恶小智者亦放弃，

卑劣不管罪大小；

奶酪掺尘须清除，

酒糟必须加酒曲。

36

སྐྱེ་བོ་དམ་པ་རྒུད་གྱུར་ཀྱང་། །
སྤྱོད་པའི་ཁྱད་པར་ལྷག་པར་མཛེས། །
མེ་ནི་ཐུར་དུ་ཁ་བསྟན་ཀྱང་། །
མེ་ལྕེ་གྱེན་ལ་འབར་བར་མཐོང་། །

贤者虽然遭厄运，

其行仍然很磊落；

即使火炬朝下倾，

火焰仍然向上燃。

37

དམ་པ་རྒྱང་ན་གནས་ན་ཡང་། །
འཁོར་འདབ་ཕན་པས་རིང་ནས་སྐྱོང་། །
མཁའ་ལ་སྤྲིན་ཆེན་འཁྲིགས་པ་ཡིས། །
ས་ཡི་ལོ་ཏོག་ཁྱད་པར་འཕེལ། །

圣者即使居远方，
亦能保护其属民；
犹如天空聚密云，
才使农作物茂盛。

38

གསོན་ཚེ་སྙན་གྲགས་དགའ་བའི་རྒྱུ། །
འཇིག་རྟེན་གཞན་དུ་བསོད་ནམས་དགའ། །
དེ་གཉིས་མེད་པའི་ནོར་ཙམ་གྱིས། །
མཁས་རྣམས་དགའ་བ་བསྐྱེད་མི་ནུས། །

今生爱惜好名声，
为后积德诸福资，
除此两者任何财，
不会引起智者喜。

39

ཕྱི་རྗེས་རིང་དུ་ལྟ་བ་དང་། །
བག་ཡོད་པ་ལ་བཟོད་བསྲན་ཆེ། །
བརྩོན་འགྲུས་ཆེ་ཞིང་བརྟན་ལ་གྲིམས། །
བྲན་གཡོག་ཡིན་ཡང་དཔོན་དུ་འགྱུར། །

能够未雨而绸缪，
安分守己又任劳，
勤奋稳重又机灵，
即使奴仆亦做官。

40

སྦྱིན་ལ་རྟག་ཏུ་སེམས་སྤྲོ་བ། །
དེ་ཡི་གྲགས་པ་རླུང་བཞིན་ལྡང་། །
ཕོངས་པ་སློང་བ་འདུ་བ་བཞིན། །
འབུལ་བར་འདོད་རྣམས་དེ་བས་མང་། །

时常慷慨解囊者，
其誉犹如微风传；
好似乞丐聚集时，
愿意馈赠者更多。

41

བྱིན་ནས་སླར་ཡང་མི་ལེན་ལ།།
དམན་པའི་བརྙས་པ་དང་དུ་ལེན།།
ཕན་པ་ཆུང་ངུའང་མི་བརྗེད་པ།།
བདག་ཉིད་ཆེན་པོའི་ཆེ་རྟགས་ཡིན།།

喜欢施舍不求报，
能够容忍贱者辱；
受恩虽小永不忘，
都乃圣者之标志。

42

དམ་པའི་ཡོན་ཏན་སྦས་གྱུར་ཀྱང་།།
འཇིག་རྟེན་ཀུན་ལ་ཁྱབ་པར་གསལ།།
སྣ་མའི་མེ་ཏོག་ལེགས་བཀབ་ཀྱང་།།
དྲི་ཞིམ་ཀུན་ཏུ་ཁྱབ་པར་འགྱུར།།

圣者虽隐藏学识，
声望仍传遍世间；
豆蔻虽严密包裹，
芳香仍飘溢四方。

43

རྒྱལ་པོ་རང་ཡུལ་ཆེ་བ་ཙམ། །
དམ་པ་གང་དུ་ཕྱིན་པར་བཀུར། །
མེ་ཏོག་ཕལ་ཆེར་ཉིན་རེའི་རྒྱན། །
གཙུག་གི་ནོར་བུ་གང་དུའང་མཆོད། །

国王只获国人敬，
圣者赢得遍敬仰；
鲜花乃短暂装饰，
顶髻宝永受供奉。

44

ལྗོན་ཤིང་དུད་པ་འབྲས་བུ་མང་། །
རྨ་བྱ་དུལ་བ་མདུག་སྒྲོ་བཟང་། །
རྟ་མཆོག་དུལ་བ་འགྲོས་མགྱོགས་ཏེ། །
དམ་པ་དུལ་བ་མཁས་པའི་རྟགས། །

果树垂枝果累累，
孔雀安静屏优美，
骏马温顺行万里，
学者谦虚富有智。

45

དམ་པ་རྣམས་དང་ཕལ་པ་ལ། །
བྱས་པ་མཉམ་ཡང་དྲིན་མི་འདྲ། །
ཞིང་ལ་ས་བོན་ཁྱད་མེད་ཀྱང་། །
ལོ་ཏོག་ཁྱད་པར་དཔག་ཏུ་མེད། །

对圣者和平常人，
同恩却获不同报；
播种同样之种子，
长出之后区别大。

46

བདག་ཉིད་ཆེ་ལ་ཕན་བཏགས་ན། །
ཆུང་ཟད་ཙམ་ཡང་འབྲས་བུ་འབྱིན། །
སྐྱུ་རུ་ར་གཅིག་བྱིན་པ་ལ། །
ཆོས་རྒྱལ་བུ་དང་སྙོམས་ལ་སྐོས། །

若给圣者做好事，
再小亦会有回报；
仅赠一颗山楂果，
法王待其如亲子。

47

བཟང་པོའི་ཚེ་རིགས་སྤྱོད་པས་བསྲུང་། །
སྤྱོད་པ་ཉམས་ན་རིགས་དོན་མེད། །
ཙན་དན་དྲི་བཟང་སྐྱེ་བོ་དགའ། །
དེ་བསྲེགས་སོལ་བ་སུ་ཞིག་ལེན། །

贤者由其行为护，
堕者无所高贵誉；
虽爱檀香芳香味，
烧成木炭无价值。

48

ཆེན་པོ་རེ་ཞིག་རྒུད་གྱུར་ཀྱང་། །
དེ་ལ་གདུང་བ་བསྐྱེད་མི་དགོས། །
ཟླ་བ་རེ་ཞིག་གཟས་ཟིན་ཡང་། །
དེ་མ་ཐག་ཏུ་གྲོལ་བར་འགྱུར། །

圣人暂遭诸挫折，
不必为其生悲感；
月亮暂遭罗睺食，
顷刻便能复圆满。

49

ཆེན་པོས་དགྲ་ལ་བྱམས་བྱས་ན།།
དགྲ་ཉིད་དེ་ཡི་དབང་དུ་འགྱུར།།
མང་པོས་བཀུར་བས་ཀུན་བསྐྱངས་པས།།
ཀུན་གྱིས་རྒྱལ་པོར་དབང་བསྐུར་རོ།།

圣者对敌待以慈，
敌人亦会成属民；
众敬王以慈利众，
众人推举其为王。

50

དམ་པ་ཇི་ལྟར་རྒུད་གྱུར་ཀྱང་།།
སྡིག་དང་འདྲེས་པའི་ཟས་མི་ཟ།།
སེང་གེ་བཀྲེས་ཀྱང་མི་གཙང་བའི།།
ངན་སྐྱུགས་ཟ་བར་མི་བྱེད་དོ།།

圣者虽惨遭厄运，
不会食用罪恶食；
雄狮宁可饿肚子，
绝不食用肮脏食。

51

དམ་པ་སྡུག་ལ་བབ་ན་ཡང་། །
རང་བཞིན་བཟང་པོ་ག་ལ་འདོར། །
ས་ལེ་སྦྲམ་ནི་བསྲེགས་བཅད་ཀྱང་། །
དེ་ཡི་ཁ་དོག་ཉམས་མི་འགྱུར། །

圣者虽做生死择，
绝不抛弃善良性；
纯金不论怎样炼，
不损灿烂之本色。

52

སྐྱེས་མཆོག་རྣམས་ལ་དམན་པ་རྣམས། །
ཁྲོ་ཡང་ལན་དུ་ག་ལ་ཁྲོ། །
ཅེ་སྤྱང་དྲེགས་པའི་སྐད་འབྱིན་ཡང་། །
རི་དྭགས་རྒྱལ་པོས་སྙིང་རྗེས་སྐྱོང་། །

圣者虽遭劣人骂，
怒亦不以怒相报；
豺狼发出嗥叫时，
雄狮亦以慈为怀。

53

བདག་ཉིད་ཆེ་ལ་སྐྱེ་བོ་རྣམས། །
སྐྱོན་ཚོལ་འགྱུར་གྱི་དམན་ལ་མིན། །
འཕན་ཟེལ་རིན་ཆེན་ལ་ལྟ་ཡི། །
མགལ་དུམ་ལ་ནི་སུ་ཞིག་དཔྱོད། །

人们喜找圣者过，
凡人却能随其愿；
严鉴宝石有无瑕，
不究木炭之裂纹。

54

བསྟོད་པས་དགའ་བར་མི་འགྱུར་ལ། །
སྨད་པས་མི་དགར་མི་འགྱུར་ཞིང་། །
རང་གི་ཡོན་ཏན་ལེགས་གནས་པ། །
སྐྱེ་བོ་དམ་པའི་མཚན་ཉིད་ཡིན། །

不因获赞而高兴，
亦不因辱而愤怒，
始终保持高尚行，
皆为圣者纯粹相。

55

སྡིག་པ་དང་ནི་མཐུ་རྩལ་ལས། །
བྱུང་བའི་ལོངས་སྤྱོད་ལོངས་སྤྱོད་མིན། །
ཁྱི་དང་བྱི་ལ་འགྲངས་ན་ཡང་། །
ངོ་ཚ་བོར་བའི་རྣམ་ཐར་ཡིན། །

依靠罪恶所获财，
哪能算作真财富？
猫狗虽然填饱腹，
尽是无耻之经历。

56

འཁོར་ལ་ཕུན་སུམ་ཚོགས་གྱུར་ན། །
རྗེ་དཔོན་ཉིད་ཀྱི་ཆེ་བ་ཡིན། །
རྟ་ལ་རྒྱན་དུ་བྱས་པ་དེ། །
བདག་པོ་ཉིད་ལ་མི་མཛེས་སམ། །

属民获幸福圆满，
才显王者之功德；
为马装饰璎珞者，
方显主人之尊严。

57

ཇི་ལྟ་ཇི་ལྟར་ཇོ་དཔོན་གྱིས།།
འཁོར་ལ་དྲིན་གྱིས་བསྐྱངས་གྱུར་པ།།
དེ་ལྟ་དེ་ལྟར་འཁོར་གཡོག་རྣམས།།
ཇོ་དཔོན་ཉིད་ཀྱི་བྱ་བ་བསྒྲུབ།།

官吏若能依理法，
以恩善待其属民，
民众亦会依法理，
为官办好所有事。

58

བདག་ཉིད་ཆེན་པོ་གནས་པའི་སར།།
མཁས་པ་གཞན་དག་སུ་ཡིས་བསྟི།།
མཁའ་ལ་ཉི་མ་ཤར་བ་ན།།
རྒྱུ་སྐར་མང་ཡང་མཐོང་མི་འགྱུར།།

圣人弘道之地方，
其他学者难获敬；
太阳高现晴空时，
星星再多失踪影。

རབ་ཏུ་བྱེད་པ་གསུམ་པ། བླུན་པོ་བརྟག་པ།

第三品　辨愚者篇

59

སྐྱེ་བོ་ངན་པ་འབྱོར་ཐོབ་ཀྱང་། །
ལྷག་པར་སྤྱོད་པ་ངན་པར་འགྱུར། །
འབབ་ཆུ་ཇི་ལྟར་བཟློག་གྱུར་ཀྱང་། །
ཐུར་དུ་འབབ་པ་ཁོ་ནར་འདོད། །

恶人虽能突发财，
其行变得更可恶；
不管怎样去阻拦，
瀑布始终往下流。

60

དམན་ལ་སྤྱོད་པ་བཟང་བྱུང་ཡང་། །
དེ་ནི་བཅོས་མའི་རྣམ་ཐར་ཡིན། །
ཤེལ་ལ་ནོར་བུས་ཁ་བསྒྱུར་ཡང་། །
ཆུ་དང་འཕྲད་ན་རང་མདོག་སྟོན། །

恶人偶尔也行善，
只是暂时之伪装；
玻璃涂有宝石色，
遇水就露其真相。

61

བླུན་པོས་བྱ་བ་ལེགས་གྲུབ་ཀྱང་། །
སྐྱེས་དབང་ཡིན་གྱི་བསྒྲུབས་པས་མིན། །
སྲིན་བུའི་ཁ་ཆུ་དར་སྐུད་དུ། །
འགྲོ་བ་མཁས་ནས་བྱུང་བ་མིན། །

愚人虽能完成事，
只靠运气非能力；
蚕虫虽能吐蚕丝，
并非精通于纺织。

62

ཆེན་པོས་འབད་ནས་བསྒྲུབས་པའི་གྲོས། །
ངན་པས་སྐད་ཅིག་གཅིག་ལ་འཇོམས། །
ཞིང་པས་ལོ་ཟླར་འབད་པའི་ཞིང་། །
སེར་བས་སྐད་ཅིག་རྡུལ་དུ་རློག །

智者竭力成协议，
恶人瞬间就撕毁；
农夫整年勤耕耘，
冰雹瞬间将其毁。

63

ངན་པ་ཕལ་ཆེར་རང་གི་སྐྱོན། །
གང་ཡིན་གཞན་ལ་སྐྱོ་བར་བྱེད། །
ཁྭ་ཏས་མི་གཙང་ཟོས་པའི་མཆུ། །
ས་གཙང་གཞན་ལ་འབད་ནས་འཕྱིད། །

恶者总会将过失，
归咎责任为他者；
乌鸦总把脏嘴喙，
到处寻找净处蹭。

64

བླུན་པོ་བྱ་བ་ལ་སྦྱར་ན། །
དོན་ཉམས་དེ་ཡང་ཉམས་པར་འགྱུར། །
ཝ་སྐྱེས་རྒྱལ་པོར་བསྐོས་པ་ཡིས། །
འཁོར་སྡུག་རང་ཡང་བསད་ཅེས་གྲགས། །

若让愚者办事情，
既毁事情又毁人；
据说拥立狐为王，
众兽受苦己丢命。

65

སྨོངས་པ་བདེ་བ་འདོད་བཞིན་ཏུ། །
བྱ་བ་སྡུག་བསྔལ་འབའ་ཞིག་སྒྲུབ། །
གདོན་གྱིས་བཏབ་པའི་སྐྱེ་བོ་འགའ། །
སྡུག་བསྔལ་སྤང་ཕྱིར་ལྕེབས་པ་མཐོང་། །

愚者幻想获幸福，
却做带来痛苦事；
犹如病魔缠身者，
为了免痛选自尽。

66

བློ་ངན་དྲང་པོ་ལ་ལས་རང་། །
བརླག་འགྱུར་ལ་ལས་གཞན་ལ་གནོད། །
ནགས་ཀྱི་ཤིང་དྲང་རྩད་ནས་གཅོད། །
མདའ་ཡི་དྲང་པོས་ཕ་རོལ་གསོད། །

愚蠢且又憨厚者，
不伤自己便伤人；
树木太直遭砍伐，
笔直弓箭夺性命。

67

རྟག་ཏུ་གཞན་དོན་མི་སེམས་པ།།
དེ་ཡི་སྤྱོད་པ་ཕྱུགས་དང་མཚུངས།།
བཟའ་བཏུང་འབའ་ཞིག་དུད་འགྲོས་ཀྱང་།།
བསྒྲུབ་པར་ནུས་པ་མ་ཡིན་ནམ།།

时常不替别人想，
其行无异于牲畜；
只会寻找吃喝者，
牲畜也具此本能。

68

ཕན་དང་མི་ཕན་མི་དཔྱོད་ཅིང་།།
བློ་དང་ཐོས་པ་མི་སྒྲུབ་པར།།
ལྟོ་འགྲངས་འབའ་ཞིག་དོན་གཉེར་བ།།
སྤུ་མེད་པ་ཡི་ཕག་པ་ཡིན།།

不辨有益和无益，
不勤修持诸智慧，
只会追求吃喝事，
纯粹是头无毛猪。

69

བླུན་པོའི་དབུས་ན་དགའ་ཞིང་སྤྲོ།།
མཁས་པའི་མདུན་ན་ཞུམ་ཞིང་འཛུར།།
ཚོག་དང་སྙོག་ཤལ་མེད་ན་ཡང་།།
ཡ་སོ་ཅན་གྱི་བ་ལང་ཡིན།།

愚人中间出风头，
见到智者怯又躲；
虽无爬行之身躯，
是长上牙的黄牛。

70

གང་ན་བཟའ་བཏུང་ཡོད་དེར་རྒྱུག།
དགོས་པའི་བྱ་བ་བཅོལ་ཡང་འབྲོས།།
གཏམ་དང་བཞད་གད་ཤེས་ན་ཡང་།།
མཇུག་མ་མེད་པའི་ཁྱི་རྐན་ཡིན།།

时常跟着吃喝转，
委托办事就溜走；
人前装模又作样，
仍是无尾癞皮狗。

71

རྨིག་རྗེས་ཆུ་ཡིས་དགང་སླ་སྟེ། །
མཛོད་ཆུང་ནོར་གྱིས་དགང་བར་སླ། །
ཞིང་ཆུང་ས་བོན་གདབ་སླ་སྟེ། །
བློ་ཆུང་རིག་པ་མགུ་བ་སླ། །

蹄窝易被水灌满，
小库容易装满物，
小田容易播种子，
浅薄之人易自满。

72

དྲེགས་བཅས་བླུན་པོ་ཁས་ལེན་ཅན། །
ཆེན་པོ་ཡིན་ཡང་ཉམས་པར་འགྱུར། །
གོམ་པ་གང་གི་ས་བྱིན་པས། །
སྟོབས་ལྡན་གྱིས་ནི་ས་གསུམ་ཤོར། །

愚者傲慢喜承诺，
虽具势力亦垮掉；
承诺赠送一步地，
失去三界所有地。

73

བློ་ཆུང་སེམས་ལ་ཁོན་འཛིན་ཅན། །
གནོད་པ་བས་ཀྱང་རྣམ་འགྱུར་སྟོ། །
ཁྱི་ངན་དགྲ་བོ་མཐོང་བ་ན། །
རྨུགས་པའི་ཐོག་མར་ཀུ་ཅོ་འདོན། །

小人想要报复人，
害人之前示恶态；
正如恶狗见到敌，
咬敌之前会狂吠。

74

བླུན་པོས་བསགས་པའི་སྡུག་བསྔལ་ཉིད། །
སྐྱོང་གི་སྤྱོད་པའི་བདེ་མི་སྐྱོང་། །
ཡང་ཡང་ཉུལ་ཞིང་ལྟ་བ་ཡི། །
འཇུངས་པའི་ནོར་ནི་བྱི་བ་འདྲ། །

愚者能忍敛财苦，
很少具有享受福；
虽有办法积钱财，
只会敛财似老鼠。

75

བླུན་པོའི་དྲུང་དུ་མཁས་པ་བས། །
སྤྲེའུ་འཛིན་པ་ཁྱད་པར་འཕགས། །
སྤྲེལ་འཛིན་ཟས་དང་ནོར་གྱིས་མཆོད། །
མཁས་པ་ལག་པ་སྟོང་པར་འགྲོ། །

愚人眼中之智者，
没有耍猴者高明；
耍猴能够得财食，
智者时常空手归。

76

ཡོན་ཏན་མེད་པའི་སྐྱེ་བོ་རྣམས། །
ཡོན་ཏན་ཅན་ལ་ལྷག་པར་སྡང་། །
གངས་ཀྱི་ཡུལ་དུ་དགུན་སྐྱེས་པའི། །
ལོ་ཏོག་ལྟས་ངན་ཡིན་ཞེས་གྲོགས། །

不学无术庸俗人，
时常嫉恨有智者；
雪地若是长出苗，
自然传成是恶兆。

77

ཡོན་ཏན་ལོག་པར་སྦྱངས་པ་འགའ།།
ལེགས་པར་སྦྱངས་པ་ཁྱད་དུ་གསོད།།
ལྦ་བ་མེད་ན་གླིང་ཕྲན་འགར།།
ཡན་ལག་ཉམས་པའི་སྐྱོན་དུ་བྱེད།།

只学歪门邪道者，
嘲笑真才实学者；
犹如某些孤岛上，
无瘿被当是残疾。

78

ཆོ་ག་ཉམས་པར་བྱེད་པ་རྣམས།།
ཆོ་ག་ཚང་བར་བྱེད་ལ་བརྙས།།
ཙུ་ཏའི་ཡུལ་དུ་ཕྱིན་པ་ན།།
རྐང་གཉིས་པ་ལ་མིར་མི་བརྩི།།

丧失文雅礼仪者，
喜欢凌辱守规者；
就像到达阻达地，
双脚之人不算人。

79

ཚ་ག་ལོག་པར་སྤྱབ་པ་འགའ། །
ཡང་དག་ཚ་ག་བྱེད་ལ་གཞེ། །
སྐྱེས་བུ་ཁྱི་ཡི་མགོ་ཅན་རྣམས། །
བཞིན་བཟང་བུད་མེད་ཡིན་ཞེས་བརྙས། །

颠倒礼仪规范者，
谩骂行为规范者；
长相狗头狗脑者，
嘲弄美男是美女。

80

ལོག་འཚོའི་ཟས་ནོར་རྙེད་པ་འགའ། །
མཁས་པ་དབུལ་པོ་ཁྲུད་དུ་གསོད། །
སྤྲེའུ་ཕན་རྣམས་ཀྱིས་མི་བཟུང་ནས། །
མཇུག་མ་མེད་ཅེས་བཞད་གད་བྱེད། །

依靠诡计谋生者，
恶意辱骂穷学者；
犹如猴子抓住人，
嘲笑没有长尾巴。

81

དེས་ན་ལས་ཀྱིས་མནར་བས་ན།།
མཁས་པ་བླུན་པོའི་ནང་དུ་འཁྱམ།།
རླུང་གིས་བདས་པའི་མ་ལི་ཀ།།
དྲི་ཞིམ་ཕྱག་དར་ཁྲོད་ན་ཟེ།།

若遭命运之摆布，
智者会落愚人群；
犹如具香茉莉花，
被风吹到垃圾堆。

82

སྐྱོན་རྣམས་འབད་པས་འཛིན་བྱེད་ཅིང་།།
ཡོན་ཏན་རྩ་ནས་མི་ཆགས་པ།།
སྐྱེས་བུ་ངན་པ་ཚུ་ཚགས་བཞིན།།
ངན་པ་འཛིན་གྱི་བཟང་པོ་འཚོར།།

极力追随恶劣习，
根本不去积功德；
恶人就像过滤器，
沉住渣滓漏精华。

83

ལེགས་ཉེས་དབྱོད་པའི་བློ་གྲོས་མེད།།
མཁས་པའི་མདུན་སར་ཕྱིར་ཕྱོགས་སྐྲོད།།
ཟས་ནོར་ཁོ་ནའི་གཏམ་གྱིས་འདལ།།
རྐང་གཉིས་པ་ཡི་ཕྱུགས་སུ་བཤད།།

缺乏辨别是非智，
遇到智者被驱逐；
只谈吃饭和发财，
犹如畜生双脚行。

84

བློ་ཆུང་མང་དུ་འདུས་ན་ཡང་།།
བྱ་བ་ཆེན་པོ་སྒྲུབ་མི་ནུས།།
རྩྭ་ཕྲུང་མང་དུ་བསྡོམས་ན་ཡང་།།
ཁང་པའི་གདུང་མ་བཟོད་པར་དཀའ།།

庸人聚集得再多，
不能办成艰难事；
芨芨草捆得再多，
不能成为大栋梁。

85

མ་དཔྱད་པ་ལས་དོན་གྲུབ་པ།།
བྱུང་ཡང་མཛངས་པར་སུ་ཞིག་སྨྲ།།
སྲིན་བུ་དག་གིས་ཟོས་པའི་རྗེས།།
ཡི་གེར་བྱུང་ཡང་ཡིག་མཁན་མིན།།

未经细查虽成事，
不会看作是智者；
虫子蚕食成花纹，
虽像文字非书生。

86

བློ་གྲོས་ཞན་པའི་འདོད་གཏམ་དང་།།
ཅང་ཤེས་མིན་པའི་རྟ་མཆོག་དང་།།
གཡུལ་ངོར་ལྷུང་བའི་རལ་གྲི་རྣམས།།
སུ་ཡི་གྲོགས་འགྱུར་ངེས་པ་མེད།།

愚者所言轻狂语，
不是良驹之烈马，
丢在战场之宝剑，
很难断定对谁利。

87

ཤེས་རབ་མེད་པའི་བླུན་པོ་རྣམས། །
མང་ཡང་དགྲ་ཡི་དབང་དུ་འགྲོ། །
གླང་ཆེན་སྟོབས་ལྡན་ཁྱུར་ལོངས་པ། །
རི་བོང་བློ་ལྡན་གཅིག་གིས་བཏུལ། །

缺乏智慧之愚夫，
再多也易被征服；
成群结队之大象，
听从狡兔之摆布。

88

ཤེས་རབ་མེད་པའི་ལོངས་སྤྱོད་ཀྱང་། །
ཕལ་ཆེར་རང་ལ་ཕན་པ་ཉུང་། །
འདོད་འཇོ་བ་ཡི་འོ་མ་ཡང་། །
བེའུས་འཐུང་བ་བརྒྱ་ལམ་ཡིན། །

不依智慧所获财，
基本对己无利益；
如意祥牛之乳汁，
牛犊只能偶尔吃。

89

བླུན་པོ་རྣམས་ཀྱིས་མཁས་པ་ཡང་།།
མཆོད་པར་འགྱུར་བའི་ངེས་པ་མེད།།
ཉི་མ་ཤིན་ཏུ་འོད་གསལ་ཡང་།།
འབྱུང་པོའི་གདོན་རྣམས་མི་འབྲོས་སམ།།

愚者虽能遇智者，
是否敬仰难断定；
太阳虽然显灿烂，
妖魔鬼怪躲暗处。

90

བླུན་པོ་ལོངས་སྤྱོད་གསོག་རྣམས་ལ།།
གཉེན་གྱི་བསམ་པ་ག་ལ་ཡོད།།
སྡིག་སྡུག་གཏམ་ངན་ཕོ་ན་ཡིས།།
བྱི་བ་བཞིན་དུ་བསགས་ནས་འཆི།།

愚者只会聚积财，
却难照顾其亲友；
若遭罪孽和诅咒，
身亡留财如老鼠。

91

སྐྱེ་བོ་ངན་པའི་ཚོགས་ནང་དུ། །
ཡོན་ཏན་ལྡན་ཡང་ག་ལ་འཁུར། །
སྦྲུལ་གདུག་གནས་པའི་ས་ཕྱོགས་སུ། །
སྒྲོན་མེ་གསལ་ཡང་འོད་མི་འཕྲིན། །

愚者成群结队地，
不会敬仰博学者；
毒蛇经常出没地，
火把虽亮不发光。

92

ལོངས་སྤྱོད་ཡོད་ཀྱང་ལས་ངན་གྱིས། །
འཇུངས་པས་སྤྱོད་པའི་རང་དབང་མེད། །
རྒུན་འབྲུམ་སྨིན་པ་ཟ་བའི་ཚེ། །
ཁྭ་ལ་མཆུ་ནད་རྒྱུན་དུ་འབྱུང་། །

只有钱财没福分，
贪者无法享幸福；
犹如葡萄成熟时，
乌鸦会犯嘴疮病。

93

རྒྱུན་དུ་གཞན་གྱིས་བསྐྱང་དགོས་པའི།།
སྐྱེ་བོ་ནམ་ཞིག་ཅི་ནས་ཉམས།།
བྱ་རོག་གིས་ནི་བཟུང་བ་ཡི།།
རུས་སྦལ་ས་ལ་ལྷུང་ཞེས་གྲགས།།

时常需要被扶持，
终究会日渐没落；
天鹅携带之乌龟，
最终难逃摔死命。

94

བཟང་ངན་མི་ཤེས་དྲིན་བྱས་བརྗེད།།
ངོ་མཚར་གཏམ་ལ་མཚར་མི་འཛིན།།
མངོན་སུམ་མཐོང་བ་སླར་ཡང་འདྲི།།
ཞུམ་ཞིང་རྗེས་འབྲང་བླུན་པོའི་རྟགས།།

不分善恶又忘恩，
听到怪论不惊奇，
亲眼看见反复问，
胆小盲从是愚者。

95

ཇོད་ཆུང་ཁ་ཡིས་དགྲ་བོ་འདུལ། །
རྒྱང་ནས་མཐོང་ན་ཙ་ཙོ་འཁྱེན། །
འཐབ་སར་འཕྲད་ན་ཐལ་མོ་སྦྱོར། །
རང་ཁྱིམ་སླེབས་ན་ང་རྒྱལ་སྐྲ། །

懦夫只有嘴上功，
远处见敌就吼叫，
遭遇敌人就求饶，
回到家里装英雄。

96

སྡར་མ་གྲོས་བྱེད་ཚེ་ན་དཔའ། །
ཁྲལ་བསྐོས་པ་ན་ནོར་རྩིས་འདེབས། །
འགྲོ་དགོས་བྱུང་ན་ནད་བུ་ལྡང་། །
འཐབ་སར་རྒྱང་ནས་འབོད་ཅིང་བསྙོ། །

懦夫议事逞英雄，
派去当差算利益，
需要出征就装病，
临近战场喊爹娘。

97

སློ་ཆུང་ཅུང་ཟད་རྒྱལ་བས་ངོམས།།
གལ་ཏེ་ཕམ་ན་གཉེན་ལ་འཁང་།།
གྲོས་ལ་འཚོགས་ན་འཐབ་རྩོད་སློང་།།
གསང་གྲོས་བྱས་ན་སྐོག་ཏུ་སྨྲ།།

懦夫稍胜就傲慢，
遭到失败怨亲友，
集会讨论喜争论，
秘密商议又报信。

98

གཡུལ་ངོར་རྒྱན་ལ་བྱི་དོར་བྱེད།།
དགྲ་དང་འཕྲད་ན་རང་ཕྱོགས་སྦྲེད།།
འགྲོགས་ན་དགྲ་བས་གཉེན་ཕྱོགས་འཇིགས།།
མཚོན་ཆ་དགྲ་ཡི་ལག་ཆར་འཕེན།།

上了战场整理衣，
见了敌人撒腿跑，
此类恶者比敌恨，
常把武器送予敌。

99

དཔུང་ཚོགས་འགྲོ་ན་མཇུག་སྡུད་ལ། །
ལྡོག་ན་དེ་ཡི་སྣ་འདྲེན་བྱེད། །
བཟའ་བཏུང་མཐོང་ན་ནན་གྱིས་འཇུག །
དཀའ་བ་མཐོང་ན་ཐབས་ཀྱིས་འཁྱོལ། །

列队上阵赖在后，
凯旋归时冲在前；
见到吃喝就拼命，
遇到困难又溜走。

100

སྐྱེ་བོ་ངན་པའི་མཚན་ཉིད་ལ། །
བརྗོད་རྒྱུ་དུ་མ་ཡོད་མོད་ཀྱང་། །
ངན་བསྐྱུགས་ཁྲོན་པ་སུ་ཞིག་སློང་། །
བསྐྱུགས་པ་མཁས་པ་སུ་ཞིག་སྤྱོང་། །

恶人具有诸多相，
可以列出多种恶；
谁愿挖掘污水井，
智者岂尝呕吐物？

101

མཆུ་སྐྱོད་པ་ཡིས་བརྡ་སྤྲོད་ཅིང་།།
སྨྲས་པའི་ཚེ་ན་མིག་ཚུམས་བྱེད།།
རྣམ་ཐར་ཐོས་ན་འཁྲུན་འཚེར་བ།།
གང་ལ་བྱུང་ཡང་ཐ་ཤལ་རྟགས།།

抿抿嘴唇做暗示，

说话挤眉又弄眼，

听到故事又叹息，

此类属于庸俗者。

རབ་ཏུ་བྱེད་པ་བཞི་པ། སྤྲེལ་མ་བརྟག་པ།

第四品　辨混杂篇

102

དམན་པ་ལོངས་སྤྱོད་ཆེ་ན་ཡང་། །
རིགས་ལྡན་རྒུད་པས་ཟིལ་གྱིས་གནོན། །
བཀྲེས་པ་སྟག་གི་ངར་སྒྲ་ཡིས། །
སྤྲེའུ་ཤིང་གི་རྩེ་ལས་ལྷུང་། །

恶者虽然有钱财，
没落法王能制服；
犹如饥虎一声吼，
猢狲纷纷掉下树。

103

བླུན་པོའི་ཡོན་ཏན་ཁར་འབྱིན་ཏེ། །
མཁས་པའི་ཡོན་ཏན་ཁོང་དུ་སྦེད། །
སོག་མ་ཆུ་ཡི་སྟེང་ན་འཕྱོ། །
ནོར་བུ་སྟིང་དུ་བཞག་ཀྱང་འབྱིང་། །

愚者喜欢靠吹嘘，
智慧更喜藏学问；
麦秸漂浮在水面，
珠宝始终沉水底。

104

ཡོན་ཏན་ཆུང་རྣམས་ང་རྒྱལ་ཆེ། །
མཁས་པར་གྱུར་ན་དུལ་བར་གནས། །
ཆུ་ཕྲན་རྟག་ཏུ་ཀུ་ཅོ་ཆེ། །
རྒྱ་མཚོ་ཅ་ཅོ་ག་ལ་སྒྲོགས། །

学识浅薄者傲慢，
充满智慧者沉稳；
细小流水哗哗响，
大海从来不喧嚣。

105

སྐྱེ་བོ་དམན་རྣམས་དམ་པ་ལ། །
ཁྱད་གསོད་བྱེད་ཀྱི་དམ་པས་མིན། །
སེང་གེས་ཝ་ཚོགས་ལེགས་སྐྱོང་གི །
ཝ་ཉིད་ཝ་ཡི་རིགས་ལ་འགྲན། །

劣者喜欢谤圣贤，
圣者没有此行径；
雄狮有意护狐狸，
狐狸之间常争斗。

106

དམ་པ་ཁྲོས་ཀྱང་བཏུད་ན་ཞི། །
དམན་རྣམས་བཏུད་ན་ལྷག་པར་རེངས། །
གསེར་དངུལ་སྲ་ཡང་བཞུ་ནུས་ཀྱི། །
ཁྱི་ལུད་བཞུས་ན་དྲི་ངན་འབྱུང་། །

智者愤怒可劝和，
劣者愤怒劝更僵；
金银虽硬可熔化，
狗屎融化散臭气。

107

མཁས་ལ་ཡོན་ཏན་ཀུན་ལྡན་ཏེ། །
བླུན་ལ་སྐྱོན་རྣམས་འབའ་ཞིག་ཡིན། །
རིན་པོ་ཆེ་ལས་དགོས་དགུ་འབྱུང་། །
སྦྲུལ་གདུག་ལས་ནི་ཉེས་ཀུན་སྐྱེད། །

智者兼备诸功德，
愚者满身是缺点；
珍宝使人呈吉祥，
毒蛇只会传毒素。

108

སྡིག་སྤྱོད་ནགས་ན་གནས་ཀྱང་ཉམས།།
དམ་པ་གྲོང་ན་གནས་ཀྱང་དུལ།།
ནགས་ཀྱི་གཅན་གཟན་ཁྲོ་བ་དང་།།
རྟ་མཆོག་གྲོང་གནས་དུལ་བར་མཐོང་།།

恶人躲于林亦亡，
善人居市仍温和；
山中猛兽常发怒，
良马进市仍驯顺。

109

སྐྱེས་མཆོག་རང་གི་སྐྱོན་ལ་ལྟ།།
སྐྱེ་བོ་ངན་པ་གཞན་སྐྱོན་འཚོལ།།
རྨ་བྱ་རང་གི་ལུས་ལ་རྟོག།
སྲིན་བྱ་གཞན་ལ་ལྟས་ངན་གཏོང་།།

圣者常找己过失，
恶人专挑他人错；
孔雀爱惜己羽毛，
鸱鸮常常带恶兆。

110

དམ་པ་དུལ་བས་རང་གཞན་སྐྱོང་། །
ངན་པ་རེངས་པས་རང་གཞན་སྡུག །
འབྲས་ལྡན་ཤིང་གིས་རང་གཞན་བསྲུང་། །
ཤིང་སྐམ་རེངས་པས་རང་གཞན་སྲེག །

圣者谦虚又保人，
恶者害人又害己；
果实累累者利他，
朽木自燃遭灾难。

111

འབྱོར་པའི་དུས་ན་ཐམས་ཅད་གཉེན། །
གལ་ཏེ་རྒུད་ན་ཀུན་ཀྱང་དགྲ། །
རིན་ཆེན་གླིང་དུ་རིང་ནས་འདུ། །
མཚོ་བསྐམས་པ་ན་སུ་ཡང་སྤོང་། །

富裕时人见人爱，
衰落时皆成仇敌；
宝岛虽远多人聚，
海水干涸谁都弃。

112

བླུན་པོ་འབྱོར་པ་ཐོབ་ན་བདེ། །
སྐྱེས་མཆོག་ཐམས་ཅད་བྱིན་ན་བདེ། །
མཛེ་ཅན་ཕྲུགས་ན་བདེ་བར་འཛིན། །
མཁས་པ་མཛེ་ལ་འཇིགས་པར་ལྟ། །

愚者视财为幸福，
智者视施为幸福；
癞者抓痒来解苦，
智者见癞就恐惧。

113

ཆེ་ལ་གནོད་བྱེད་གྲོགས་སུ་འགྱུར། །
དམན་ལ་གནོད་བྱེད་གནོད་པར་འགྱུར། །
ནགས་མེ་རླུང་གིས་སྲོར་སོད་ཀྱི། །
དེ་ཡིས་སྒྲོན་མེ་ཆུང་ངུ་གསོད། །

伤害智者成挚友，
危害恶人遭灾难；
森林起火风助力，
油灯点火被风灭。

114

འདི་བཤེས་འདི་ནི་དགྲ་བོ་ཞེས། །
བློ་གྲོས་ཆུང་རྣམས་སོ་སོར་འཛིན། །
བློ་ཆེན་ཀུན་ལ་བྱམས་པ་ལ། །
ཕན་བྱེད་གང་ཡིན་ངེས་པ་མེད། །

朋友敌人之区别，
愚者划得很清楚，
智者以慈待民众，
因为人人皆有用。

115

ཡོན་ཏན་ལྡན་པ་ཡོན་ཏན་ལ། །
དགའ་ཡི་ཡོན་ཏན་མེད་རྣམས་མིན། །
སྦྲང་རྩི་འཛིན་པ་མེ་ཏོག་ལ། །
དགའ་ཡི་ཤ་སྦྲང་དེ་ལྟ་མིན། །

智者喜爱诸学识，
庸者忙碌无目的；
犹如蜜蜂爱鲜花，
苍蝇只爱追臭味。

116

མཁས་པ་མཁས་པའི་ནང་ན་མཛེས། །
བླུན་པོས་མཁས་པ་ཇི་ལྟར་གོ །
ཙན་དན་གསེར་བས་རིན་ཆེ་བ། །
བླུན་པོས་སོལ་བར་བྱས་ལ་སྲེགས། །

智者眼中智者美，
愚人难悟智者慧；
檀香虽比黄金贵，
愚夫将其烧成炭。

117

མཁས་པ་རང་གིས་དཔྱོད་ཤེས་ཀྱི། །
བླུན་པོ་གྲགས་པའི་རྗེས་སུ་འབྲང་། །
ཁྱི་རྒན་ཀུ་ཅོ་འདོན་པ་ན། །
རྒྱུ་མཚན་མེད་པར་གཞན་དག་རྒྱུག །

智者遇事靠思考，
愚者总会追时髦；
犹如外面稍吵闹，
狗群跟着瞎狂吠。

118

མཁས་པ་ཤིན་ཏུ་རྒུད་ན་ཡང་། །
ལེགས་བཤད་གཏམ་གྱིས་གཞན་དགའ་བྱེད། །
བླུན་པོ་འབྱོར་པར་གྱུར་ཚེ་ཡང་། །
རྩོད་པ་ཁོ་ནས་རང་གཞན་སྡིག །

智者深陷危机时，
仍用格言安慰人；
愚人发点横财后，
常以吵闹毁人己。

119

ཁ་ཅིག་སྒྲ་བས་གྲུབ་པར་སྟེ། །
ལ་ལ་མི་སྒྲ་དོན་ལ་འབད། །
ཁྱི་ངན་དགྲ་ལ་ཁུས་འདེབས་ཏེ། །
ཆུ་སྐྱར་བྱི་ལ་སྒྲ་མེད་འཇབ། །

有人办事靠吹嘘，
有人办事靠行动；
恶狗见敌汪汪叫，
鱼鹞猎物精伏击。

120

དམ་པ་ཁྲོལ་ཡང་ཕན་པ་སྒྲུབ། །
སྐྱེ་བོ་ངན་པ་མཛའ་ཡང་གནོད། །
ལྷ་རྣམས་ཁྲོ་བས་སེམས་ཅན་སྲུང་། །
གཤིན་རྗེ་འཛུམ་ཡང་ཕ་རོལ་གསོད། །

圣者发怒亦获利，
恶者亲近也遭灾；
众神发怒护众生，
阎王微笑索性命。

121

སྐྱེ་བོ་དམ་པ་རིན་ཆེན་བཞིན། །
རྣམ་པ་ཀུན་ཏུ་འགྱུར་ལྡོག་མེད། །
སྐྱེ་བོ་ངན་པ་སྲང་མདའ་བཞིན། །
ཅུང་ཟད་ཙམ་གྱིས་མཐོ་དམའ་བྱེད། །

圣者品质如宝石，
始终不会有劣化；
恶者犹如戥子杆，
稍有重量就摇晃。

122

བློ་མཐུན་རིང་ན་གནས་ཀྱང་ཕན། །
མི་མཐུན་ཉེ་ན་ལྷག་པར་འབྲལ། །
འདམ་སྐྱེས་འདམ་གྱིས་མི་གོས་ལ། །
དེ་ཉིད་ཉི་མས་རྟག་ཏུ་སྐྱོང་། །

贤友虽远仍收益，
恶者虽近也分离；
莲花出泥而不染，
时常获得太阳光。

123

ཇི་སྲིད་ངོ་ཚ་ཡོད་གྱུར་པ། །
དེ་སྲིད་ཡོན་ཏན་རྒྱན་གྱི་མཆོག །
ངོ་ཚ་བཀལ་ན་ཡོན་ཏན་ཉིད། །
ཕྱོགས་སུ་བྱུས་ཏེ་གཏམ་ངན་འཕེལ། །

保持多人之廉耻，
就获多大之功德，
毫无顾忌羞耻者，
肯定落得臭名声。

124

དམ་པ་མ་བཙོལ་ལེགས་པར་སྟོན། །
དམན་ལ་དྲིས་ཀྱང་ལོག་པར་བཤད། །
རྒྱལ་བའི་སྲས་ལ་བརྙས་ཀྱང་བརྩེ། །
འཆི་བདག་མཆོད་ཀྱང་གསོད་པ་ཡིན། །

考验圣者指正道，
询问贱者指歧途；
佛子受辱亦慈悲，
供养阎王反丧命。

125

གཅིག་ལ་ཕན་པར་འགྱུར་བ་ཡི། །
བྱ་བ་གཞན་ལ་གནོད་པ་སྒྲིད། །
ཟླ་བ་ཤར་ན་ཀུ་མུ་ད། །
ཁ་འབྱེད་འགྱུར་ཀྱི་པདྨོ་ཟུམ། །

往往能够获利者，
同时也会有弊端；
犹如月亮升起时，
睡莲盛开荷花闭。

126

ཉེས་པ་ལ་ལས་དོན་གྲུབ་པ། །
བྱུང་ཡང་མཁས་རྣམས་ག་ལ་སྨོན། །
ལེགས་པར་བརྩམས་ཀྱང་སྐྱོན་སྲིད་མོད། །
དེ་ལ་མཁས་རྣམས་ཁྲེལ་བ་མེད། །

有时靠罪亦成事，
智者丝毫不羡慕；
认真办事也出错，
智者安慰此种过。

127

རྙེད་པ་ལ་ལ་རྙེད་པ་སྟེ། །
རྙེད་པ་ལ་ལ་དགྲ་བོ་ཡིན། །
རྒོད་མ་མངལ་ལྡན་ནོར་འཕེལ་བྱེད། །
དྲེའུ་མོ་སྦྲུམ་ན་འཆི་བ་རྙེད། །

有时收获是利益，
有时收获是灾难；
母马怀驹增财富，
母骡怀胎临死亡。

128

དམ་པ་དབྱེ་དཀའ་འདུམ་སླ་སྟེ། །
དམན་པ་དབྱེ་སླ་འདུམ་པ་དཀའ། །
ལྡོན་ཤིང་དང་ནི་སོལ་བ་ཡི། །
གཅད་དང་སྦྱོར་བའི་ཁྱད་པར་ལྟོས། །

圣者易和难离间，
恶者易离难和谐；
树木木炭作材料，
砍伐利用各有道。

129

ཉམ་ཆུང་གྱུར་ཀྱང་ཟོན་བྱེད་ན། །
ཆེན་པོ་ཡིས་ཀྱང་གནོམ་པར་དཀའ། །
ཆེན་པོ་ཡིན་ཡང་བག་ཡེངས་ན། །
ཉམ་ཆུང་རྣམས་ཀྱིས་བརླག་པ་མང་། །

如果弱者警惕行，
强敌无法去奴役；
如果强者太麻痹，
会被弱者以谋灭。

130

ནོར་གྱིས་འབྱོར་ན་སྟོབས་ཀྱང་འཕེལ། །
ནོར་མེད་པ་ལ་སྟོབས་ཀྱང་འབྲི། །
ཕྱི་བས་དབྱིག་ལྡན་ནོར་ཕྲོགས་པས། །
རྐུ་བའི་ནུས་པ་ཉམས་ཞེས་ཐོས། །

随着积财势变大，
耗尽财富势削弱；
盗走大自在宝物，
神偷失去盗窃术。

131

མི་གང་བསོད་ནམས་ལ་སྤྱོད་པ། །
བཏང་ཡང་ལོངས་སྤྱོད་ཆར་བཞིན་འབབ། །
བསོད་ནམས་མེད་པའི་ལོངས་སྤྱོད་དེ། །
བསགས་ཀྱང་སུ་ཡིས་ཟ་བ་སོམས། །

另为福德施钱财，
钱财就像普降雨；
没有福德积财富，
应思究竟谁收益。

132

དམ་པ་རེ་ཞིག་རྒུད་གྱུར་ཀྱང་།།
ཟླ་བ་བཞིན་དུ་ཡར་ངོ་འབྱུང་།།
དམན་པ་ལན་ཅིག་རྒུད་གྱུར་ན།།
མར་མེ་བཞིན་དུ་མནལ་བར་འགྱུར།།

圣者暂时遭劫难，
犹如月亮重圆满；
贱者虽遭一次灾，
犹如灯灭不复燃。

133

ཤེས་ལྡན་དགྲ་ལ་མིག་བསྲིངས་པས།།
ཐ་མར་དགྲ་བོ་དབང་དུ་སྡུད།།
རྗོད་ཆུང་དགྲ་ལ་ལན་བྱས་པས།།
དཀའ་བ་རྒྱུན་མི་འཆད་པ་ཐོབ།།

智者对敌亦慈悲，
因此轻易制服敌；
愚者只会谋报复，
因此无法断苦难。

134

མཁས་པ་ཤིན་ཏུ་ཉམ་ང་བའི། །
གནས་ལ་འཛུར་ན་དཔའ་རྟགས་ཡིན། །
སེང་གེས་ཁྲུ་མཆོག་གསོད་པའི་ཚེ། །
རྭ་ལ་འཛུར་བ་ག་ལ་སྲར། །

智者避开恐怖地，
方能显示英雄相；
狮子欲杀水牛时，
避开犄角显胆略。

135

རྣམ་པ་ཀུན་ཏུ་མི་དཔྱོད་པར། །
དགྲ་ལ་མཆོང་བ་ཧླུན་རྟགས་ཡིན། །
མར་མེའི་འོད་ལ་འཛིངས་པ་ཡིས། །
སྦྲང་བུ་དཔའ་བར་འགྲོའམ་ཅི། །

没有查明敌情前，
盲目冲杀是愚相；
飞蛾击灯而死亡，
谁会把它当英雄。

136

ངན་པ་རང་རྟེན་ཁྱད་པར་འཛོམས།།
དམ་པ་གང་ལ་བརྟེན་པ་སྐྱོང་།།
སྲིན་བུ་རང་རྟེན་ཟད་ཟད་ཟ།།
སེང་གེ་རང་གི་ཡུལ་འཁོར་སྐྱོང་།།

恶者毁灭其依靠，

圣者保护其同伴；

蛀虫吃净其存源，

狮子保护其领地。

137

དམན་རྣམས་དགོས་པ་ཆུང་ངུ་གསང་།།
གསང་དགོས་དགོས་པ་མེད་པར་སྨྲ།།
དམ་པ་དགོས་མེད་གསང་མི་འགྱུར།།
གསང་དགོས་སྲོག་ལ་བབས་ཀྱང་སྐྱོང་།།

劣者喜欢隐小事，

密谋之事又乱讲；

圣者不会隐小事，

宁死保守密谋事。

138

དམན་པ་འབྱོར་ན་དྲེགས་རྒྱུ་སྟེ། །
དམ་པ་འབྱོར་ན་དུལ་བའི་རྒྱུ། །
ཝ་སྐྱེས་འགྲངས་ན་དྲེགས་པས་བརྒྱལ། །
སེང་གེ་འགྲངས་ན་བདེ་བར་ཉལ། །

恶者变富无顾忌，
圣者变富更温和；
狐狸吃饱就昏死，
狮子吃饱就安睡。

139

དམ་པ་དང་ནི་དམན་པ་ཡི། །
སྤྱོད་པ་གཉིས་ཀ་གོམས་པའི་ཤུགས། །
བུང་བ་མེ་ཏོག་འཚོལ་བ་དང་། །
ངང་པ་ཆུར་འཇུག་བསླབ་ཅི་དགོས། །

圣者恶人所有行，
都是习惯中养成；
蜜蜂采蜜鸭游泳，
不用学习属本能。

140

རྒྱལ་ངན་དགྲ་དང་ཕྲད་པ་ན།།
རང་གི་འཁོར་ལ་ཆད་པས་གཅོད།།
དོན་མ་གྲུབ་པའི་བློན་པོ་འགའ།།
རང་ཉིད་འགེགས་ཏེ་འཆི་བ་ཡོད།།

暴君遭遇强敌时，
时常惩罚其属民；
办砸事之无能者，
会有自我毁灭行。

141

ཆོས་རྒྱལ་དགྲ་དང་ཕྲད་པ་ན།།
ལྷག་པར་འཁོར་ལ་བྱམས་པ་སྐྱེ།།
ན་བའི་བུ་ལ་ཁྱད་པར་དུ།།
མ་ནི་གདུང་བ་སྐྱེ་བར་འགྱུར།།

法王遭遇强敌时，
倍加爱护其臣民；
孩子惨遭病魔时，
母亲更会起悲悯。

142

སྐྱེ་བོ་དམ་པ་ངན་པ་དང་། །
འགྲོགས་ན་ངན་པའི་ཤན་དུ་འགྱུར། །
གང་གཱའི་ཆུ་ནི་རབ་ཞིམ་པ། །
རྒྱ་མཚོར་སླེབས་ན་བ་ཚྭར་འགྱུར། །

时常亲近卑鄙者，
圣者也会染毛病；
恒河之水虽甘甜，
流进大海成卤水。

143

དམན་པས་སྐྱེ་བོ་མཆོག་བསྟེན་ན། །
སྐྱེ་བོ་དམ་པའི་སྤྱོད་པ་འབྱུང་། །
གླ་རྩིས་བྱུགས་པའི་གང་ཟག་ལ། །
གླ་རྩིའི་དྲི་ཞིམ་འབྱུང་ལ་ལྟོས། །

如果经常依智者，
恶人也会变高尚；
如果身上涂麝香，
自然散发香味来。

144

ལྷུན་པོ་ཅིས་ཀྱང་མི་འགུལ་བ།།
དེ་བཞིན་བདག་ཉིད་ཆེན་པོ་བརྟན།།
ཤིང་བལ་ཆུང་ངུ་གཡོ་བ་ལྟར།།
དམན་པའི་སྤྱོད་པ་འགྱུར་ལྡོག་ཆེ།།

犹如山峰不动摇，
圣者言行很稳固；
犹如柳絮随风飘，
贱者言行变化多。

རབ་ཏུ་བྱེད་པ་ལྔ་པ། ངན་སྤྱོད་བརྟག་པ།

第五品　辨恶行篇

145

གཡོ་ཅན་སྙན་པར་སྨྲ་བ་ནི། །
རང་དོན་ཡིན་གྱི་གུས་ཕྱིར་མིན། །
སྲིན་བྱ་བསྙེན་ནས་དགོད་པ་ནི། །
ལྟས་ངན་གཏོང་གི་དགའ་ནས་མིན། །

奸者说话动听时，
只为私利非恭敬；
鸱鸮尽情欢歌时，
散布凶兆非喜事。

146

ངན་པ་ཐོག་མར་ཚིག་གིས་འབྲིད། །
བག་ཡེངས་གྱུར་ན་ཕྱི་ནས་བསླུ། །
ཉ་པས་ཟས་ཀྱིས་ཁ་བྲིད་ནས། །
ཉ་རྣམས་གསོད་པར་བྱེད་ལ་ལྟོས། །

恶者以赞做诱饵，
放松警惕设骗局；
渔翁首先放香饵，
然后开始捕杀鱼。

147

དམན་པ་ཇི་སྲིད་ཉམ་ཆུང་བ།།
དེ་ཡི་བར་ལ་རང་བཞིན་བཟང་།།
དུག་གི་ཚེར་མ་མ་སྨིན་པའི།།
བར་དུ་གཞན་ལ་འབིགས་མི་ནུས།།

恶人不太强大时，
表现某些善良相；
荆棘没有成熟前，
不能用刺来伤人。

148

ཡིད་ལ་བསམ་པ་གཞན་བྱས་ནས།།
ཚིག་ཏུ་སྨྲ་བ་གཞན་བྱེད་ན།།
གཡོ་ཅན་ཞེས་སུ་གྲགས་པ་སྟེ།།
ལྷུན་པོ་མཁས་པར་འཆོས་པ་ཡིན།།

虽然心里有诡计，
嘴里只有甜蜜语；
所谓奸者无本领，
只是装作智者样。

149

ཧ་ཅང་གཡོ་སྒྱུ་མང་དྲགས་ན། །
དེ་ཞིག་གྲུབ་ཀྱང་ཐ་མར་བརླག །
གཟིག་ལྤགས་བཀབ་པའི་བོང་བུ་ཡིས། །
ལོ་ཏོག་ཟོས་མཐར་གཞན་གྱིས་བསད། །

过分玩弄伎俩者，
暂时成事终没落；
毛驴身覆豹子皮，
偷吃庄稼被人杀。

150

ཤེས་རབ་ལྡན་ན་མངོན་སུམ་གྱི། །
བརྫུན་གྱིས་ཕ་རོལ་བསླུ་བར་ནུས། །
ཀུན་པོ་རྣམས་ཀྱིས་ཁྱིར་བཏགས་པས། །
ར་སྐྱེས་ཁུར་བ་བྲམ་ཟེས་བོར། །

若是具有智慧者，
公开说谎骗他人；
贼把山羊说成狗，
婆罗门无可奈何。

151

ཉེས་པ་མངོན་སུམ་བྱེད་བཞིན་དུ།།
གཡོ་ཅན་ཚིག་གིས་ཕ་རོལ་སླུ།།
ལྷ་ཆེན་སྒྲེ་སྡུགས་ཤོར་བ་ལ།།
སྡུག་བསྔལ་བདེན་པ་བསྒྲགས་སོ་ལོ།།

直截了当做恶时，
奸者用美言行骗；
梵天失口哀叹时，
说成是在宣苦谛。

152

གཡོ་ཅན་ཚུལ་གཟབ་ངག་འཇམ་ལ།།
མ་བརྟགས་བར་དུ་ཡིད་མི་བརྟན།།
རྨ་བྱ་གཟུགས་མཛེས་སྒྲ་སྙན་ཡང་།།
དེ་ཡི་ཁ་ཟས་དུག་ཆེན་ཡིན།།

骗子说话温和时，
探明之前不可信；
孔雀体美声悦耳，
却以食毒来充饥。

153

གཡོ་ཅན་བཟང་པོའི་ཚུལ་བཟུང་ན།།
ཕྱི་ནས་དོན་ལ་སླུ་བ་ཡོད།།
རི་དྭགས་རྔ་མ་བསྟན་ནས་ནི།།
ཁྲེལ་འདས་བོང་བུའི་ཤ་དག་འཚོང་།།

奸者伪装老实人，
是在谋划欺骗人；
犹如展示兽尾来，
掩盖贩卖驴肉行。

154

ངོ་ཚ་ཆུང་རྣམས་གཞན་ནོར་ལ།།
བདག་གི་ཆེ་བ་སྒྲུབ་པ་ཡོད།།
མགྲོན་ལ་གྲོགས་པོའི་གོས་བཏིང་ནས།།
བདག་གི་གུས་རྟགས་སྟོན་པར་བྱེད།།

很多寡廉鲜耻者，
爱用他财做人情；
用友衣服叠成坐，
假装对客示尊敬。

155

གཏིང་ནས་ཉམས་པའི་ཁྲིལ་འདས་རྣམས།།
རང་གི་གཏམ་ངན་ངོ་སོར་འཛིར།།
གཙིའི་ཡུལ་གྱི་རྒྱལ་རིགས་འགའ།།
ཕ་བསད་པ་ལ་རྒྱལ་ཛ་རྡུང་།།

很多极端下贱者，
丑事炫耀成荣耀；
据说根泽之王族，
擂鼓庆祝弑父者。

156

བློ་ཆུང་རྣམས་ཀྱིས་ཕན་བཏགས་པ།།
འགའ་ཞིག་གནོད་པ་ཆེན་པོར་འགྱུར།།
སྐྱ་ཀའི་ཕྲུ་གུས་མ་ཡི་སྤུ།།
འཐོག་པ་དྲིན་ལན་ཡིན་པར་རློམ།།

愚者所做之好事，
有时成为灾难源；
雏鹊拔掉母鹊羽，
自认报答养育恩。

157

གཞུང་ངན་གཞན་གྱི་བཀའ་དྲིན་ལས། །
བྱུང་བ་རང་གི་ཆེ་བར་སྒོམ། །
ཀླུ་ཡིས་འབབ་ནས་ཕབ་པའི་ཆར། །
ཞིང་པ་རང་གི་དཔལ་དུ་རྩི། །

依他恩赐得好处，
贱者炫耀自有福；
龙王普降雨水时，
农夫自称是福分。

158

བློ་ངན་ལས་ལ་སྦྱོར་པ་ལ། །
རང་གི་འབད་པས་ཐོབ་པར་སེམས། །
ཁྱི་རྒན་ཡ་རྐན་ཞུག་པའི་ཁྲག །
རུས་པའི་བཅུད་དུ་བསྒོམས་ནས་འཆའ། །

愚者靠业获利时，
认为努力有结果；
啃骨刺破颚之血，
蠢狗当作骨髓品。

159

མི་མཁས་པ་དག་གཉེན་བཅོམ་ནས། །
འབྲེལ་མེད་གཞན་དག་གསོ་བར་མཛོང་། །
མགོ་བོ་བཅད་ནས་མཇུག་མའི་རྒྱན། །
སྨྱོན་པ་མིན་པ་སུ་ཞིག་བྱེད། །

愚者抢劫亲人财，
供养与己无关者；
斩下头颅饰尾巴，
除了疯子何人做。

160

ལྐུན་པོ་དགོས་པའི་སར་མི་ཕྱིན། །
མི་དགོས་པ་ལ་ལྷག་པར་འཚོར། །
ཆུ་མིག་ངན་པ་དབྱར་འབབ་ཀྱི། །
དཔྱིད་དུས་དགོས་པའི་ཚེ་ན་སྐམ། །

愚者不去所需处，
无用之地常来往；
无用泉水夏成灾，
春天需要却干涸。

161

སྐྱེ་བོ་དམ་པ་ཞི་བ་ལ། །
ངན་པ་ལྷག་པར་འཚེ་བར་བྱེད། །
སྣུམ་དང་ལྡན་པའི་སྡོང་བུ་ལ། །
མེ་ལྕེ་འཆགས་ཀྱི་གཞན་ལ་མིན། །

善良温和高尚者，
恶人特别喜伤害；
油脂渗透油灯芯，
是火专攻之对象。

162

རྩུབ་པས་རྩུབ་པ་ཐུལ་འགྱུར་གྱི། །
ཞི་བས་འདུལ་བར་ག་ལ་ནུས། །
ཕོལ་མིག་བསྲེགས་དང་བཅད་པས་གནོན། །
ཞི་ཆོས་དེ་ཡི་དུག་ཏུ་འགྱུར། །

粗者只能用粗降，
随和难以降服彼；
毒痈只用切除法，
保守治疗加重病。

163

རྒྱལ་པོས་ཆོས་བཞིན་ས་བསྐྱང་སྟེ། །
མིན་ན་རྒྱལ་པོ་ཉམས་པའི་རྟགས། །
ཉི་མས་མུན་པ་མི་སེལ་ན། །
དེ་ནི་གཟའ་ཡིས་ཟིན་པའི་རྟགས། །

国王依法治理国，
否则政权就衰败；
太阳不能驱黑暗，
定为罗睺所吞食。

164

སྡིག་སྤྱོད་རྗེ་བོར་བསྐོས་པ་དང་། །
ཁང་པའི་ཡང་ཐོག་གྲུམ་པ་དང་། །
རི་རྩེ་ཤིན་ཏུ་ཞིག་པ་ཡི། །
འོག་ཏུ་གནས་རྣམས་རྒྱུན་དུ་སྐྲག །

推举恶者为国王，
住在快崩之楼房，
走在要塌之山下，
时常处于恐惧中。

165

གལ་ཏེ་རིག་པ་ཡོད་ན་ཡང་། །
སྐྱེ་བོ་རང་བཞིན་ངན་པ་སྤང་། །
དུག་སྦྲུལ་ནོར་བུས་མགོ་བརྒྱན་ཡང་། །
མཁས་པ་སུ་ཞིག་པང་དུ་ལེན། །

即便有些小聪明，
品质恶劣要抛弃；
尽管蛇头有珍宝，
智者谁会揣在怀？

166

བསྙེན་དྲགས་རྒྱལ་པོ་བཞེད་བཞིན་དཀའ། །
བཀྱིད་ན་ཐུགས་ཀྱིས་འཛིན་པ་དཀོན། །
བར་མར་གནས་པ་གཡང་ཟ་བས། །
རྒྱལ་པོ་ལ་ལ་མེ་ཆེན་འདྲ། །

高傲国王难亲近，
疏远就被彻底忘，
保持中立又担心，
有些国王像烈火。

167

ཆུང་མ་ངན་དང་མཛའ་བོ་ངན། །
རྒྱལ་པོ་ངན་པ་སུ་ཞིག་བསྟེན། །
གཅན་གཟན་གདུག་པའི་ནགས་ཁྲོད་དུ། །
སེམས་ཤེས་རྟག་ཏུ་སྡོད་དམ་ཅི། །

恶习成性妻友君，
没人能够去亲近；
猛兽出没之林中，
智者不会长久居。

168

དྲེགས་པས་ཡོན་ཏན་ཉམས་འགྱུར་ཞིང་། །
འདོད་པས་ངོ་ཚ་ཉམས་པར་བྱེད། །
གཡོག་འཁོར་རྟག་ཏུ་སུན་ཕྱུང་ན། །
རྗེ་དཔོན་ཉམས་པར་འགྱུར་བ་ཡིན། །

骄傲加速丧功德，
贪欲促成寡廉耻；
经常欺凌其眷属，
官高难保其荣誉。

169

ཕན་པར་སྨྲ་བ་དཀོན་པ་སྟེ།།
དེ་དག་བས་ཀྱང་ཉན་པ་དཀོན།།
སྨན་པ་མཁས་པ་རྙེད་དཀའ་སྟེ།།
དེ་ཡི་ཚིག་བཞིན་བྱེད་པ་ཉུང་།།

用心劝者特别少，
听进劝者更稀少；
高明医生很难找，
遵行医嘱更少有。

170

ཧ་ཅང་སྙེམས་པ་ཆེ་དྲགས་ན།།
སྡུག་བསྔལ་བརྒྱུད་མར་ཐོག་ཏུ་འབབ།།
སེང་གེ་ང་རྒྱལ་ཆེས་པའི་རྒྱུས།།
ཝ་ཡིས་ཁུར་བུ་བསྐུར་ཞེས་ཐོས།།

过分自我膨胀者，
连续遭遇诸灾难；
狮子因其过分傲，
终成狐狸驮载者。

171

བྱ་རོག་དག་གིས་བསྐུངས་པ་དང་།།
གཞུང་ངན་པ་ལ་ཕན་བཏགས་དང་།།
ཞིང་ངན་ས་བོན་བཏབ་པ་རྣམས།།
རེ་བ་མང་སྟེ་སྨྱོད་པ་ཉུང་།།

乌鸦所藏之食物，
恶者所谋之福利，
如同荒漠播种子，
希望多于其收获。

172

མ་བརྟགས་པར་ནི་སུ་ལ་ཡང་།།
ཡིད་ཆེས་པ་དང་བསྒོ་མི་བྱ།།
བག་ཕབ་པ་ལས་སྐྱོན་བྱུང་དང་།།
གྲོས་བཏབ་པ་ལས་དགྲར་གྱུར་མང་།།

缺乏详细了解前，
不宜相信并托事；
即使安抚酿成错，
同谋共事会结仇。

173

འཇིག་རྟེན་ངན་པ་མང་ཡོད་ཀྱང་། །
སྐྱེ་བོ་ངན་འདྲའི་འཇིགས་པ་མེད། །
ངན་པ་གཞན་དག་བཅོས་རུང་གི །
སྐྱེ་བོ་ངན་པ་བཅོས་ན་འཇིག །

世间多有逆心事，
没有恶人般可怕；
其他逆者可纠正，
改造恶者引麻烦。

174

སྐྱེ་བོ་ངན་པ་ཡོན་ཏན་བརྒྱུས། །
ཕན་པར་བྱས་ཀྱང་མགུ་མི་ནུས། །
གང་ཞིག་བསྟེན་པ་དགྲར་འགྱུར་འདི། །
སྐྱེ་བོ་ངན་པའི་ཁྱད་ཆོས་ཡིན། །

即使做尽所有善，
仍然难使恶者喜；
会把依靠视为敌，
就是恶者真面目。

175

ངན་པ་ཇི་ལྟར་བཅོས་ཀྱུར་ཀྱང་། །
རང་བཞིན་བཟང་པོ་འབྱུང་མི་སྲིད། །
སོལ་བ་འབད་དེ་བཀྲུས་ན་ཡང་། །
ཁ་དོག་དཀར་བ་མི་སྲིད་དོ། །

恶者如何去改造，
本性不会变成善；
无论怎样洗煤炭，
永远无法成白色。

176

སྐྱེ་བོ་ངན་པས་སྲུན་སྦྱུང་བའི། །
ས་དེར་དམ་པ་མཐོང་ཡང་སྐྱོང་། །
སྦྲུལ་གྱིས་གཅེས་པའི་ས་ཕྱོགས་སུ། །
གསེར་གྱི་ཉག་ཐག་མཐོང་ཡང་འབྲོས། །

遭到恶人算计处，
遇见好人也起疑；
被蛇咬伤之地方，
看见金链亦会逃。

177

མཆོད་པ་དམ་པ་ལ་བྱ་ཡི། །
དམན་པ་མཆོད་ན་ཉེས་པའི་གཞི། །
འོ་མ་སྐྱེས་བུའི་བདུད་རྩི་སྟེ། །
སྦྲུལ་ལ་བྱིན་ན་དུག་འཕེལ་ལོ། །

应该供奉诸圣贤，
供奉恶人遭灾难；
乳汁对人是甘露，
喂给毒蛇增毒素。

178

འབད་དེ་ཀུན་ནས་བསྙེན་བྱས་ཀྱང་། །
ངན་པ་བློ་དང་ག་ལ་འདྲིས། །
མཆིལ་པ་ཇི་ལྟར་གསོས་གྱུར་ཀྱང་། །
བག་ཡིབས་འགྱུར་བ་མི་སྲིད་དོ། །

虽用真心来交往，
恶人不能成知己；
不管怎样喂麻雀，
绝对不会变恬静。

179

རྟག་ཏུ་འབྱེད་ལ་བརྩོན་པའི་མིས།།
མཛའ་བ་བརྟན་པོའང་ཕྱེད་འགྱུར་ཏེ།།
ཆུ་ཡིས་རྟག་ཏུ་བཅོས་གྱུར་ན།།
བྲག་ལ་སེར་ག་མི་འབྱུང་ངམ།།

惯于制造分歧者，
会使挚友也分离；
激流不断冲刷后，
岩石也会裂出缝。

180

བདག་གིས་བསླུས་དང་ངན་བྱས་དང་།།
མཁན་སློབ་གྲོགས་ཀྱི་སྐྱོན་བརྗོད་པ།།
བརྫུན་ན་བརྫུན་པས་ཡིད་བརྟན་མེད།།
བདེན་ན་ལྷག་པར་འཇིགས་པ་སྐྱེ།།

为谋私利而害人，
专挑师友之缺陷，
如果是假不宜信，
如果是真更恐怖。

181

མི་གང་བརྗོད་བྱ་མ་ཡིན་པ།།
གཞན་གྱི་དྲུང་དུ་སུས་བརྗོད་པ།།
བདེན་ནམ་འོན་ཏེ་བརྫུན་ཀྱང་རུང་།།
མཁས་པས་དེ་ལ་བག་ཟོན་བྱ།།

若是不该共谋者，
跟人谈论任何事，
不管是假还是真，
智者必须要警惕。

182

གཞུང་ངན་ནོར་ལ་གཅེས་འཛིན་པ།།
མཛའ་བཤེས་ཡིན་ཡང་ཡིད་མི་བརྟན།།
ཆེན་པོ་རྣམས་ལ་གསུག་ཟོས་ནས།།
གཉེན་གྱིས་བརླག་པར་བྱས་པ་མང་།།

恶者把钱当命根，
虽是亲友不可靠；
为官易遭贿赂灾，
多由亲友所造成。

183

གནོད་པའི་མཚན་མ་ཁར་འཁྱེར་པའི། །
དགྲ་བོ་དེ་དག་གཞོམ་པར་སླ། །
ཕན་པའི་བརྫོག་རྟགས་ཁར་འཁྱེར་པའི། །
དགྲ་བོ་དེ་དག་ཇི་ལྟར་གཞོམ། །

常把害人挂嘴边，
这种敌人易征服；
满口都是誓言者，
这种敌人难征服。

184

རྨ་གཞན་མཁས་ན་འཚོ་སྲིད་ཀྱི། །
ཉེས་པའི་ཚིག་རྨ་འདྲུབ་པ་མེད། །
ཁྭ་ཡིས་འུག་པ་སྨ་ཕབ་པས། །
བསྐལ་པའི་བར་དུ་འགྲས་ལ་ལྟོས། །

其他伤痕可治疗，
恶语创伤难愈合；
乌鸦对鸱造成伤，
世世代代成冤家。

185

སྙིང་ལ་འཁོན་དུ་དམ་བཟུང་ནས། །
ཁ་ལ་ཚིག་བཟང་སྨྲའོ་ཞེས། །
དྲང་སྲོང་གདུག་པའི་གདམས་ངག་སྟེ། །
དམ་པའི་ཚུལ་དང་འགལ་བ་ཡིན། །

内心铭记诸怨仇，
嘴里常挂赞美词，
恶道隐者诸教诲，
均和圣道成对立。

186

དུག་གི་རྩ་བ་འདོན་པ་ལྟར། །
དགྲ་བོ་རྩད་ནས་གཅོད་དོ་ཞེས། །
རྒྱལ་པོའི་ལུགས་ལས་འབྱུང་མོད་ཀྱི། །
བུ་བཞིན་བསྐྱངས་ན་བུ་བཞིན་བྱེད། །

犹如清理病原体，
除敌需要连根除，
虽出自《国王宝典》，
待之以子敬如父。

187

རང་དོན་འབའ་ཞིག་སྒྲུབ་པ་ཡི། །
མི་དང་འགྲོགས་པར་སུ་ཡིས་ནུས། །
སོ་ནམ་བརྩོན་པའི་ཞིང་གསེབ་ཏུ། །
ལྡུམ་གཞན་སྨིན་པའི་གོ་སྐབས་དཀའ། །

只知自私自利者，
谁敢和他交朋友；
农夫辛勤所耕田，
没有机会生杂草。

188

མི་གང་བྱས་པ་མི་གཟོ་བ། །
དེ་ལ་གྲོགས་བྱེད་ག་ལ་སྲིད། །
འབད་ཀྱང་འབྲས་བུ་མི་སྨིན་པའི། །
ཞིང་ལ་སོ་ནམ་སུ་ཡིས་ནུས། །

惯于忘恩负义者，
没人和他交朋友；
辛劳易成泡沫田，
农夫不会反复种。

189

གཞུ་ལུམས་དག་གིས་སྤྱོད་པ་ཡིས། །
སྐྱེ་བོ་མྱུར་དུ་རྒུད་པར་འགྱུར། །
སྤྱི་བརྗོལ་ཅན་གྱི་གླང་རྒོད་ཀྱིས། །
གཅད་བྱ་མྱུར་དུ་མི་གཙོད་དམ། །

蛮横无理行事者，
只会迅速遭衰败；
不知耻之贱牯牛，
很快就会被阉割。

190

དམན་ལ་ཇི་ལྟར་ཕར་ཕྱིན་ཡང་། །
ཚུར་ལ་དགོས་ན་ག་ལ་སྟེར། །
སྐམ་པས་ཏག་ཏུ་བཟུང་ན་ཡང་། །
ལྕགས་གོང་ཚུར་ལ་འཛིན་ནམ་ཅི། །

任何布施恶劣者，
需要之时无回报；
常用钳子夹铁球，
没有铁球夹钳子。

191

ངན་པས་གཞན་དོན་སྒྲུབ་པོ་ཞེས།།
སྣང་བརྟགས་ནས་ནི་སྡིག་ལ་སྦྱོར།།
གཞན་དོན་ལྟར་སྣང་བསྒྲུབ་དོན་དུ།།
མཁས་པ་སུ་ཞིག་རང་ཉིད་འཇོམས།།

恶人假借为别人，
只会干些罪恶事；
智者不会用幌子，
毁掉自己之善事。

192

བུ་ལོན་ལྷག་མ་དགྲ་བོའི་ཐེད།།
ཁྲིམས་ངན་རྣམས་དང་གཏམ་ངན་དང་།།
རིགས་རྒྱུད་ངན་དང་སྤྱོད་ངན་རྣམས།།
མ་སྤེལ་བར་ཡང་རང་ཉིད་འཕེལ།།

剩余债务残存敌，
严酷刑法和恶言，
低贱后嗣坏习惯，
不用提倡也泛滥。

རབ་ཏུ་བྱེད་པ་དྲུག་པ། རང་བཞིན་གྱི་ཚུལ་བརྟག་པ།

第六品　辨本质篇

193

བདག་ཉིད་དཔོན་དུ་བསྐོས་གྱུར་ན།།
དེ་ཡི་བྱ་བ་ཤེས་པ་དཀོན།།
གཞན་ལ་ལྟ་བའི་མིག་ཡོད་ཀྱང་།།
རང་ཉིད་ལྟ་ན་མེ་ལོང་དགོས།།

尽管派去做官员，
很少通达管理事；
尽管观人有眼睛，
观察自己要镜子。

194

ཤེས་རབ་ཕྱོགས་གཅིག་ལྡན་པས་ཀྱང་།།
བྱ་བ་ཀུན་ལ་མཁས་པ་དཀའ།།
ཤིན་ཏུ་གསལ་བའི་མིག་གིས་ཀྱང་།།
སྒྲ་ལ་ཉན་པར་ནུས་མ་ཡིན།།

某些领域有智慧，
不能精通所有事；
仅有敏锐之眼睛，
不能判断美妙音。

195

དྲང་པོར་སྨྲ་བ་སྐྱོན་བཅས་དང་། །
འཁྱོག་སྨྲ་ཡོན་ཏན་ལྡན་པ་སྲིད། །
ལམ་དྲང་འགའ་ཞིག་ནོར་འཛིགས་ལ། །
དུང་དཀར་གཡས་འཁྱིལ་བཀྲ་ཤིས་བྱེད། །

有时真话有瑕疵，
有时绕弯有效果；
笔直道上或遭难，
右旋海螺引吉祥。

196

བསོད་ནམས་མེད་ན་ཡོན་ཏན་འགའ། །
ཡོན་ཏན་ཉིད་ཀྱིས་རང་ཉིད་འཇོམས། །
མུ་ཏིག་འཛིན་པའི་ཉ་ཕྱིས་རྣམས། །
མུ་ཏིག་ཉིད་ཀྱིས་སྲོག་དང་འབྲལ། །

如果不具宏福泽，
知识也会毁自己；
犹如腹藏珍珠蚌，
往往因宝丧性命。

197

ཡོན་ཏན་ལྡན་ཡང་བསྟེན་དྲགས་ན། །
ཕལ་ཆེར་སྐྱོ་བ་སྐྱེ་བ་སྲིད། །
བུར་ཤིང་ཤིན་ཏུ་ཞིམ་པ་ཡང་། །
རྒྱུན་དུ་བསྟེན་ན་ཕལ་ཆེར་འདོར། །

虽需依靠具德者，
过分依靠生厌烦；
甘蔗味道虽甘甜，
经常食用会生厌。

198

རང་བཞིན་བཟང་པོ་རྣམས་ལ་ཡང་། །
རྒྱུན་དུ་གཙེས་ན་གནོད་སེམས་སྐྱེ། །
ཙན་དན་བསིལ་བ་ཡིན་མོད་ཀྱི། །
གཙུབ་པར་གྱུར་ན་འབར་བར་འགྱུར། །

虽为秉性善良者，
不断折磨也报复；
檀香虽是清凉物，
不断摩擦亦起火。

199

རྒྱལ་པོ་ཤིན་ཏུ་མང་མོད་ཀྱི། །
ཆོས་བཞིན་སྐྱོང་བ་ཤིན་ཏུ་ཉུང་། །
མཁའ་ལ་ལྷ་གནས་མང་ན་ཡང་། །
འོད་གསལ་ཉི་ཟླ་ལྟ་བུ་མེད། །

人间虽有很多王，
奉法爱民者稀有；
天上虽有很多神，
日月同辉者罕见。

200

གང་ཞིག་གནོད་པ་བྱེད་ནུས་པ། །
དེ་ཡིས་ཕན་པར་བྱེད་པར་ནུས། །
མགོ་བོ་གཅོད་པར་ནུས་པ་ཡི། །
རྒྱལ་པོས་རྒྱལ་སྲིད་སྦྱིན་པར་ནུས། །

能够制造事端者，
也能办好利他事；
敢砍别人脑袋者，
能把江山赠予人。

201

བློན་པོ་བློ་ལྡན་དྲང་པོ་ཡིས། །
རྗེ་དང་འབངས་ཀྱི་དོན་ཀུན་འགྲུབ། །
མདའ་དྲང་མཁས་པས་འཕངས་གྱུར་ན། །
གང་ལ་གཏད་པར་འཕོག་པ་ཡིན། །

若是智慧正直臣，
兼成君愿民众意；
若是箭手所射箭，
瞄上何物都能中。

202

རྒྱལ་པོ་ཉིད་ཀྱིས་མ་བརྩིས་ན། །
ཐམས་ཅད་ཤེས་པའང་བཀུར་མི་འགྱུར། །
སྲོག་གི་དབང་པོས་མ་བཟུང་བའི། །
མི་རོ་བཟང་ཡང་སུ་ཞིག་ལེན། །

如若国王都不尊，
即使遍知无人敬；
若是丧命之尸体，
再美没人娶为妻。

203

མང་པོ་གཅིག་ཏུ་བློ་མཐུན་ན།།
ཉམ་ཆུང་གིས་ཀྱང་དོན་ཆེན་འགྲུབ།།
སྲོག་ཆགས་གྲོག་མའི་ཚོགས་འདུས་པས།།
སེང་གེའི་ཕྲུ་གུ་བསད་ཅེས་གྲགས།།

如果众人能齐心，
即使弱者成大事；
结集成群之蚂蚁，
巧妙夺走幼狮命。

204

ཞུམ་བཅས་རྩོལ་བ་དོར་བའི་མི།།
མཐུ་སྟོབས་ལྡན་ཡང་རྒུད་པར་འགྱུར།།
གླང་པོ་ཤིན་ཏུ་སྟོབས་ལྡན་ཡང་།།
གླང་རྫི་ཆུང་ངུས་བྲན་བཞིན་འཁོལ།།

胆小不愿奋进者，
尽管强大也衰败；
大象显得很强大，
却成牧童之坐骑。

205

ང་རྒྱལ་རྩོལ་བ་ཆེར་བསྐྱེད་ན། །
ཆེན་པོ་རྣམས་ཀྱང་ཟིལ་གྱིས་གནོན། །
དུང་དཀར་ཤིན་ཏུ་ལུས་ཆུང་ཡང་། །
ཆུ་སྲིན་ཆེན་པོའི་གཤེད་མ་ཡིན། །

自信并能奋进者，
遇到强者能制服；
海螺虽有微小体，
却成鲸鱼夺命者。

206

ཆེན་པོས་ང་རྒྱལ་བྱ་མི་དགོས། །
ངན་པས་ང་རྒྱལ་བྱས་ཅི་ཕན། །
རིན་ཆེན་ཆོག་གིས་བསྔག་མི་དགོས། །
མཆིང་བུ་བསྔགས་ཀྱང་སུ་ཞིག་ཉོ། །

圣贤用不着骄傲，
小人骄傲毫无用；
若是真宝不用赞，
岩石再夸没销路。

207

བདག་ཉིད་ཆེན་པོའི་འབྱོར་པ་རྟག །
སྐྱེས་ངན་ཕུན་ཚོགས་རྒུད་ལ་ཉེ།།
ཉི་མ་རྒྱུན་དུ་འོད་འཕྱིན་ཏེ།།
ཟླ་བ་ཉ་བར་གྱུར་ནས་འགྲི།།

圣者财富能长久，
恶人富裕易衰败；
太阳永远有光芒，
月亮下弦始衰败。

208

རྒྱལ་པོས་གོ་འཕང་བསྟོད་དྲགས་ན།།
དེ་ཡི་ཐ་མ་བརླག་པའི་རྒྱུ།།
སྒོ་ང་མཁའ་ལ་འཕངས་གྱུར་ན།།
ཆག་པ་ཉིད་ལས་གཞན་ཅི་འབྱུང་།།

王者过分赞成就，
极易成为衰败因；
似把鸡蛋投高空，
结果只能被摔碎。

209

སྐྱེ་བོ་ཕལ་ཆེར་རང་ཉིད་དང་། །
མཐུན་པའི་རིགས་ཀྱིས་གནོད་པ་སྐྱེལ། །
ཉི་མའི་འོད་ཟེར་ཤར་བ་ན། །
འོད་ཟེར་ཅན་གཞན་བརླག་པར་འགྱུར། །

若说有人遭陷害，
很有可能是同类；
犹如太阳升起时，
星星变得无踪影。

210

ཕན་བྱེད་དགྲ་བོ་ཡིན་ཡང་བསྟེན། །
གཉེན་ཡང་གནོད་ན་སྤང་བར་བྱ། །
རྒྱ་མཚོའི་ནོར་བུ་རིན་གྱིས་ཉོ། །
ཁོང་པའི་ཟུག་རྡུ་སྨན་གྱིས་འབྱིན། །

敌人有益要亲近，
亲友有害要放弃；
海珠虽远理应买，
腹内肿瘤要摘除。

211

ནང་དུ་ཅུང་ཟད་འཕྱོར་གྱུར་ན། །
ཕྱི་རུ་དྲེགས་པའི་རྣམ་འགྱུར་སྟོན། །
ཆུ་ཡིས་ཡོངས་སུ་གང་བའི་ཚོ། །
སྤྲིན་རྣམས་གཡོ་ཞིང་འབྲུག་སྒྲ་སྒྲོགས། །

只有点滴学问者，
喜欢显露傲慢态；
乌云集满水分时，
立刻翻云又打雷。

212

ཡོན་ཏན་ཀུན་ལྡན་དཀོན་པ་ལྟར། །
ཡོན་ཏན་ཅི་ཡང་མེད་པའང་དཀོན། །
སྐྱོན་དང་ཡོན་ཏན་འདྲེས་པ་ལས། །
ཡོན་ཏན་གཙོ་ཆེ་མཁས་པས་བསྟེན། །

功德俱全者稀有，
毫无功德者也少；
若为功过集一身，
智者更喜有德者。

213

དང་པོ་ཉིད་ནས་དགྲ་བོ་དང་། །
མཛའ་བོ་ཉིད་དུ་ངེས་པ་མེད། །
ཁ་ཟས་མ་ཞུ་དུག་ཏུ་འགྱུར། །
དུག་ཀྱང་ཤེས་ན་སྨན་དུ་འགྱུར། །

朋友敌人之区别，
不是生来就定有；
食物难消成毒素，
通达毒性成良药。

214

གང་ན་ལས་མཐུན་ཡོད་དེ་འབྱོར། །
ལས་ཀྱི་འདུ་འཕྲོད་མེད་དེར་རྒུད། །
ཁྱིམ་དུ་བཟུང་ཡང་མི་ཆགས་པའི། །
ངང་པ་མཚོ་ལས་བསྐྲད་ཀྱང་འཁོར། །

若是缘地会兴旺，
若是逆缘会衰败；
野鸭圈养会飞走，
却于湖面难驱散。

215

མཁས་རྣམས་རིག་པ་ཡོན་གྱིས་སློབ། །
བླུན་པོ་རིག་པ་བསླབས་ཀྱང་སྤོང་། །
ཕལ་ཆེར་ན་ལ་སྨན་ཟ་ཡང་། །
ལ་ལ་གསོན་པོ་ལྡིབ་པ་ཡོད། །

智者花钱求知识，
愚者赐教会放弃；
智者有病用药治，
愚者没病会吊死。

216

རང་དབང་ཐམས་ཅད་བདེ་བ་སྟེ། །
གཞན་དབང་ཐམས་ཅད་སྡུག་བསྔལ་ཡིན། །
ཐུན་མོང་བ་ནི་རྩོད་གཞི་སྟེ། །
དམ་བཅས་པ་ནི་འཆིང་བའི་རྒྱུ། །

自由是为诸福源，
限制是为诸苦因；
化解是非靠辩论，
固守己见成死结。

217

ནང་ན་ཡོན་ཏན་ཀུན་ལྡན་ཡང་། །
ཆ་ལུགས་ངན་ན་ཀུན་གྱིས་བརྙས། །
པགས་བྱིའུ་མཁས་ཀྱང་སྤུ་མེད་པས། །
འདབ་ཆགས་ཀུན་གྱིས་སྤང་ཞེས་གྲགས། །

虽为满腹经纶者，
离经叛道遭凌辱；
蝙蝠虽有好本事，
因无羽毛遭鸟弃。

218

གནས་མིན་ཏུ་ཙང་དྲང་པོ་ཡང་། །
རང་གཞན་གཉིས་ཀ་བརླག་པ་ཡོད། །
མདའ་ཡིས་པ་རོལ་གསོད་པའམ། །
ཡང་ན་རང་ཉིད་འཆག་པར་འགྱུར། །

不合时宜瞎憨厚，
既毁自己又害人；
弓箭笔直既射敌，
同样会将己折断。

219

ཆར་དང་ཆུ་བོ་རྒྱ་མཚོར་འབབ།།
བློ་དང་རིག་པ་མཁས་ལ་འགོ།
ནོར་དང་སྐྱེ་བོ་རྒྱལ་པོས་སྡུད།།
ཧྲོ་ཞིང་བརླན་པར་ནགས་ཚལ་སྐྱེ།།

雨水河水流入海，
聪明智慧喜智者；
财富臣民集王身，
肥沃湿地生丛林。

220

དབྱར་གྱི་ཆུ་མིག་རྩྭ་ཡི་མེ།།
སྤྲིན་བར་ཉི་མ་ཟླ་བ་ཉ།།
བློ་ངན་རིག་པ་ངན་དང་མཛའ།།
དགོས་ཚེ་འབྱུང་བའི་ངེས་པ་མེད།།

夏季泉水燃草火，
遮阳乌云圆满月；
愚者学问和狗友，
需要之时难出现。

221

བླུན་པོ་སྨྲ་བ་ཉུང་ན་མཛེས། །
རྒྱལ་པོ་སྒྲིག་ཏུ་འདུག་ན་མཛེས། །
སྒྱུ་མ་བརྒྱ་ལམ་མཐོང་ན་མཛེས། །
ནོར་ཆེན་དཀོན་ན་རིན་ཐང་ཆེ། །

愚者沉默才显美，
国王深居方显威；
魔术偶尔观为奇，
珍宝罕见显珍贵。

222

ཧ་ཅང་བྱམས་པ་ཆེ་དྲགས་ན། །
དེ་ཉིད་འཁོན་པའི་རྒྱུ་རུ་འགྱུར། །
འཇིག་རྟེན་རྩོད་པ་ཕལ་ཆེར་ནི། །
འབྲེལ་བ་ཉིད་ལས་འབྱུང་བ་མང་། །

过分待以慈悲心，
容易变成仇恨缘；
人间所有之怨恨，
都是源自微妙因。

223

ཤིན་ཏུ་རྩོད་པ་ཆེན་པོ་ཡང་།།
ལྷག་པར་མཛའ་བའི་རྒྱུ་སྲིད་དེ།།
རྩོད་པ་བྱུང་བའི་མཐའ་ཕལ་ཆེར།།
འདུམ་པར་གྱུར་པ་མང་བར་མཐོང་།།

智者争论越激烈，
容易促成友善因，
通常经过争论后，
获得和解随处见。

224

སེར་སྣ་ཅན་གྱི་ནོར་རྣམས་དང་།།
ཕྲག་དོག་ཅན་གྱི་གྲོགས་པོ་དང་།།
བློ་ངན་གྱི་ནི་རིག་པ་རྣམས།།
ཡོད་ཀྱང་དགའ་བ་བསྐྱེད་མི་ནུས།།

吝啬鬼之诸财富，
嫉妒者之诸好友，
恶者拥有之学问，
不会带来好结果。

225

བཀམ་ཆགས་ཅན་ནི་ནོར་གྱིས་དགའ། །
ང་རྒྱལ་ཅན་ནི་བསྟོད་པས་མགུ། །
བླུན་པོ་རང་དང་མཐུན་པས་དགའ། །
དམ་པ་བདེན་པར་སྨྲ་བས་མགུ། །

贪者喜欢钱和财，
骄者喜欢听赞美，
愚者喜欢其同类，
智者喜欢讲真话。

226

སྐྱེ་བོ་ངན་པའི་ཡོན་ཏན་དང་། །
སྨྲ་སྤོབས་ཞན་པའི་རིག་པ་དང་། །
རྗེ་དཔོན་ངན་པའི་བཀའ་དྲིན་རྣམས། །
གཞན་ལ་ཕན་པའི་གོ་སྐབས་དཀའ། །

恶人拥有之学识，
懦夫具备之才智，
暴君所赐之恩惠，
难为他人带来福。

227

གང་ལ་ནོར་ཡོད་སྨྲ་བ་མཛེས། །
ནོར་མེད་སྨྲ་བ་བདེན་ཡང་སྤོང་། །
མ་ལ་ཡ་ལས་བྱུང་གྱུར་ན། །
སྡོང་དུམ་ཐལ་ལའང་རིན་ཐང་ཆེ། །

有财说话有分量，
无财讲真没人听；
货物源自玛拉雅，
虽是朽木也值钱。

228

སྨྲ་མང་ཉེས་པ་འཛིན་པའི་རྒྱུ། །
མི་སྨྲ་ཉེས་པ་སྤོང་བའི་གཞི། །
ནེ་ཙོ་སྨྲ་བས་གཟེབ་ཏུ་བཅུག །
འདབ་ཆགས་ལྐུགས་པ་བདེ་བར་རྒྱུ། །

话语太多易招灾，
沉默寡言能避祸；
鹦鹉学舌关笼子，
无音鸟类自由飞。

229

མི་གང་དགྲ་ལ་གཡོ་མེད་པས། །
རྣམ་པ་ཀུན་ཏུ་ཕན་བཏགས་ན། །
དགྲ་ཡང་དེ་ལ་གཡོ་མེད་པས། །
འདུད་པ་དངོས་པོའི་ཆེ་བ་ཡིན། །

若对敌人不欺诈，
时常能够造福利；
敌人亦能以诚待，
达成和谐只此法。

230

སྟོབས་བྲལ་མི་ཡིས་ཁྲོས་ཅི་ཕན། །
སྟོབས་ལྡན་དོན་ལ་ཁྲོ་ཅི་དགོས། །
དེས་ན་བྱ་བ་སྒྲུབ་པ་ལ། །
ཁྲོ་བ་དོན་མེད་རང་སྲེག་ཡིན། །

弱者愤怒没用处，
强者没必要愤怒；
仅仅办事就愤怒，
容易成为自焚缘。

231

སྦྱིན་པས་བསྡུས་ན་དགྲ་ཡང་འདུ།།
སྦྱིན་མེད་གཉེན་ཡང་རིང་དུ་སྤྱོང་།།
བ་ཡི་འོ་མ་ཟད་པ་ན།།
བེའུ་བཟུང་ཡང་འཚོར་བར་འགྱུར།།

施舍能使敌来投，
无施亲人会离开；
每当牛乳干枯时，
牛犊圈禁亦溜走。

232

བྱ་བ་འགའ་ལ་མཁས་པ་ཡིས།།
གཞན་དག་ཤེས་པའི་ངེས་པ་མེད།།
ཆུ་ལས་འོ་མ་འབྱེད་ཤེས་པའི།།
ངང་པས་གཟུགས་བརྙན་ཟས་སུ་སྙོམ།།

只知某些事情者，
未必懂得其他事；
野鸭从水分乳汁，
却把影子当猎物。

233

རྟག་ཏུ་བྱམས་པས་སྐྱོང་བ་ཡི། །
རྗེ་བོས་བྲན་གཡོག་རྙེད་པར་སླ། །
པདྨའི་མཚོ་ལ་ངང་པ་དག །
མ་བསྡུས་པར་ཡང་དང་གིས་འདུ། །

依靠恩典护奴仆，
仁慈国王易找奴；
盛产莲花的湖泊，
常有嬉水的鹅群。

234

ལོངས་སྤྱོད་ལྡན་པས་སྤྱོད་པ་དང་། །
མཁས་པར་གྱུར་ནས་དུལ་བ་དང་། །
ཆེན་པོས་དམན་པ་ལེགས་སྐྱོང་བ། །
གསུམ་པོ་གཞན་བདེ་རང་ལ་ཕན། །

富有钱财者施恩，
满腹经纶者温雅，
殊胜王者护臣民，
三者利人又利己。

235

བསོད་ནམས་ཤུགས་ཀྱིས་དོན་བསྒྲུབ་པ། །
ཉི་མའི་འོད་བཞིན་ལྟོས་པ་མེད། །
འབད་པའི་ཤུགས་ཀྱིས་དོན་བསྒྲུབ་པ། །
མར་མེའི་འོད་བཞིན་ཀུན་ལ་ལྟོས། །

依福成就事业者，
如同太阳自有光；
依靠勤奋成就者，
犹如油灯靠外因。

236

ཆེན་པོ་རྣམས་ལ་རྟེན་བཅས་ན། །
དམན་པ་རྣམས་ཀྱང་ཆེན་པོ་ཐོབ། །
ལྗོན་ཤིང་ཆེ་ལ་བརྟེན་པ་ཡིས། །
འཁྲིལ་ཤིང་རྩེ་མོར་ཕྱིན་ལ་ལྟོས། །

若能依止诸圣者，
恶人也会有好转；
青藤依偎着大树，
就能爬到树顶上。

237

ཡོན་ཏན་ལྡན་ལ་སྐྱོན་ཡོད་ཀྱང་། །
ཡོན་ཏན་དགའ་རྣམས་ཉེ་བར་བསྟེན། །
ཆར་གྱིས་མཁར་ལ་གནོད་ན་ཡང་། །
འཇིག་རྟེན་པ་རྣམས་དགའ་བ་བསྐྱེད། །

智者虽会有毛病，
爱学问者仍亲近；
雨水虽对房有害，
人们仍然喜欢雨。

238

ཡོན་ཏན་མེད་ན་ཆ་ལུགས་ཀྱིས། །
མཁས་རྣམས་དགའ་བ་བསྐྱེད་མི་ནུས། །
རྟ་མཆོག་འགྲོས་དང་མི་ལྡན་ན། །
ཤིན་ཏུ་བཞིང་ཡང་རིན་ཐང་ཆུང་། །

不学无术常装扮，
不会赢得智者喜；
骏马不具奔跑力，
尽管温顺没价值。

239

ནོར་ལྡན་བླུན་པོའི་ནང་ན་མང་།།
དཔའ་བོ་གཅན་གཟན་ཁྲོད་ན་མོད།།
ལེགས་བཤད་མཁས་པའི་ཁྲོད་འཕྱིན་པ།།
དམ་པ་འཇིག་རྟེན་འདི་ན་དཀོན།།

愚者群中有富豪，
勇者出没在兽群；
格言常被智者诵，
绝世圣人难遇见。

240

གང་དང་གང་ལ་དེ་ཡོད་པ།།
དེ་ཡིས་དེ་ཡི་གྲགས་པ་ཐོབ།།
མཁས་པའི་གྲགས་པ་མཁས་པ་དང་།།
དཔའ་བོས་དཔའ་བོ་ཐོས་པ་བཞིན།།

具备怎样之本领，
就有相应之名声；
智者以智闻于世，
英雄以勇显出众。

241

ཆེན་པོ་རྣམས་ཀྱིས་མཆོད་བྱ་བ། །
དམན་པ་རྣམས་ཀྱིས་བརྙས་པར་འགྱུར། །
དབང་ཕྱུག་ཆེན་པོའི་སྤྱི་བོའི་རྒྱན། །
ཟླ་བ་ལྷ་མིན་ཟས་སུ་བྱེད། །

常被伟人供养者，
常遭贱者之践踏；
自在天神之头饰，
阿修罗当作食物。

242

རིག་པ་གླེགས་བམ་ལ་གནས་དང་། །
མ་བསྒྲུབས་པ་ཡི་གསང་སྔགས་དང་། །
བརྗེད་ངས་ཅན་གྱི་བསླབ་པ་རྣམས། །
དགོས་པའི་ཚེ་ན་སླུ་བ་མང་། །

依靠经卷之学问，
没有修成之密乘，
健忘者之诸知识，
需要用时常误事。

243

བློ་ལྡན་ནོར་གྱིས་འབྱོར་ན་ཡང་།།
ལེ་ལོ་ཅན་ལ་མཐོན་པོ་དཀའ།།
རྣ་བ་ཐོག་མར་སྐྱེས་ན་ཡང་།།
རྭ་རྩེ་མཐོ་བ་མ་མཐོང་ངམ།།

智者随时能发财，
懒者永远难致富；
耳朵虽然长在先，
没有后长犄角高。

244

ཁྱི་ཕག་རྣམས་ལ་དྲི་ཞིམ་དང་།།
དམུས་ལོང་བ་ལ་སྒྲོན་མེ་དང་།།
མ་ཞུ་བ་ལ་ཁ་ཟས་དང་།།
བླུན་པོ་རྣམས་ལ་ཆོས་ཅི་དགོས།།

香味对于猪和狗，
犹如明灯对盲人；
消化不良恶美食，
愚者不会近佛法。

245

ཡོན་ཏན་ཅན་དང་གསེར་བཟང་པོ།།
གཡུལ་ངོར་དཔའ་དང་རྟ་བཟང་པོ།།
སྨན་པ་མཁས་དང་རྒྱན་བཟང་པོ།།
གང་དུ་ཕྱིན་པ་དེ་རུ་ཐྱིན།།

博学智者和纯金，
疆场英雄千里马，
高超医者优美装，
到处都会受欢迎。

246

བློ་དང་བརྩོན་འགྲུས་ཡོད་གྱུར་པ།།
དེ་ཡིས་བསྒྲུབ་པར་མི་ནུས་གང་།།
དགྲ་ངན་དཔུང་ཚོགས་བཅུ་གཉིས་པོ།།
སྐྱ་སེང་བུ་ཡིས་བཅོམ་ཞེས་ཐོས།།

若是聪慧勤奋者，
没有不能完成事；
俱卢十二部兵马，
就被班图五子灭。

247

ཕལ་ཆེར་བུ་ཚའི་སྤྱོད་པ་ནི།།
རིགས་རྒྱུད་སྔ་མའི་རྗེས་སུ་འབྲང་།།
ཁུ་བྱུག་སྨྲ་ཀུ་ཏྲིའུ་ཁྲ་ཏ།།
འགྲོ་བ་བརྒྱ་ལམ་སྲིད་པ་ཙམ།།

所有儿孙之行为，
大多都由父辈传；
杜鹃虽有大变化，
变成鹞子却很难。

248

རི་དང་ཆུ་བོ་གླང་པོ་རྟ།།
ཤིང་དང་འོད་ཟེར་ནོར་བུ་རྡོ།།
སྐྱེས་པ་བུད་མེད་རིགས་གཅིག་ཀྱང་།།
མཆོག་དང་དམན་པའི་ཁྱད་པར་ཡོད།།

山水大象和骏马，
木头宝石和岩石，
男子妇女等种类，
虽是同类分优劣。

249

བསོད་ནམས་ལྡན་པའི་ཚིག་ཙམ་ཡང་། །
ཉམ་ཆུང་རྣམས་ཀྱིས་བཟོད་པར་དཀའ། །
གོ་ཊའི་རྒྱལ་པོའི་ཚིག་ཙམ་གྱིས། །
རྒྱ་མཚོའི་རྒྱལ་པོ་བཅིངས་ཞེས་གྲགས། །

有福者之一句话，
弱小之人难承受；
果扎王之一句话，
能将龙王所捆绑。

250

བྱ་བ་འབད་ནས་ཀུན་བསྒྲུབས་ཀྱང་། །
འགྲུབ་པ་བསོད་ནམས་ཤུགས་ལ་རག །
ཚོང་པས་རྒྱ་མཚོར་མ་རྙེད་པའི། །
ནོར་བུ་རྒྱལ་པོའི་མཛོད་ན་སྦྱོད། །

尽管办事很卖力，
想要成功靠福分；
商人未获之珠宝，
时常藏在国王库。

251

བླུན་པོའི་བྱམས་སྡང་རྟགས་ཀྱིས་གོ།
སྒྲིན་པོའི་བྱམས་སྡང་ཐས་ཀྱིས་གོ།
ཁྱི་རྒན་འཛུམ་ན་དགའ་རྟགས་ཏེ།།
གཤིན་རྗེ་འཛུམ་ན་གསོད་པའི་རྟགས།།

愚者易露爱恨情，
智者爱憎难看出；
老狗欢颜示友好，
阎王微笑时取命。

252

ནོར་གྱི་མཆོག་ནི་སྦྱིན་པ་སྟེ།།
བདེ་བའི་མཆོག་ནི་སེམས་སྐྱིད་པ།།
རྒྱན་གྱི་མཆོག་ནི་ཐོས་པ་སྟེ།།
གྲོགས་པོའི་མཆོག་ནི་མི་སླུ་བའོ།།

施舍就是最佳宝，
慈悲就是最大乐，
闻修就是最美饰，
诚实就是最佳友。

253

ནོར་གྱིས་མ་གདུང་སུ་ཞིག་ཡིན། །
རྟག་ཏུ་བདེ་བར་བསྡད་པ་སུ། །
བདེ་དང་སྡུག་བསྔལ་ཐམས་ཅད་ཀྱང་། །
དབྱར་དགུན་བཞིན་དུ་བརྗེ་བར་འགྱུར། །

没人不为钱财累，
没人永远享幸福，
就在幸福痛苦间，
也有冬夏般循环。

254

ཉམ་ཆུང་རྣམས་ཀྱིས་ཆེན་པོའི་མིང་། །
བཟུང་བ་ཙམ་ལ་གཞན་གྱིས་བསྲུང་། །
སོར་མོའི་ཕྲེང་བའི་མིང་བཟུང་བས། །
ལོག་འདྲེན་ཕལ་གྱིས་བསྲུང་བར་བཤད། །

弱者若有强者名，
需要依靠他者护；
杀人断指之魔王，
需要毗那夜迦护。

255

སེམས་ཅན་གང་དང་གང་འབྲེལ་བ།།
བྱ་བ་སྔོན་གྱི་ལས་ཀྱིས་བྱེད།།
བྱ་རྒོད་འཕྱི་བ་ཁུར་བ་དང་།།
སྲམ་གྱིས་འུག་པ་མཆོད་ལ་སྦྱོར།།

众生谁和谁有缘，
均由前世业决定；
大鹰需要背旱獭，
水獭需要供鸱枭。

256

ལོངས་སྤྱོད་གསོག་པར་འདོད་རྣམས་ཀྱིས།།
འཕེལ་ན་གཏོང་བ་བསྲུང་བའི་མཆོག།
ཆུ་ཆེན་རྫིང་དུ་ལྷུགས་འདོད་ན།།
འབྲིད་པ་བཞག་པ་རྫིང་གིས་གསོས།།

想要积累钱财者，
施为最佳之办法；
想把河水引入池，
放水才是好办法。

རབ་ཏུ་བྱེད་པ་བདུན་པ། མི་རིགས་པའི་ཚུལ་དཔྱད་པ།

第七品　辩异者篇

257

བྲན་གཡོག་ང་རྒྱལ་ཆེ་བ་དང་།།
དཀའ་ཐུབ་ལྡན་པ་ཆས་གཟབ་དང་།།
རྒྱལ་པོ་ཆོས་བཞིན་མི་སྐྱོད་པ།།
གསུམ་པོ་ཚུལ་མིན་ཞུགས་པ་ཡིན།།

奴仆骄傲自大者，
苦行讲究衣着者，
国王不行正法者，
都是违理之事情。

258

མི་ལྕོགས་བྱ་བ་རྩོམ་པ་དང་།།
མང་དང་འཁོན་ཞིང་སྟོབས་ལྡན་རྩོད།།
བུད་མེད་ཡིད་རྟོན་ངན་དང་མཛའ།།
རྗེ་པོ་མྱུར་དུ་བརླག་པའི་རྒྱུ།།

从事难以完成事，
同众结仇抗强者，
偏信女人交恶友，
都是加速灭亡因。

259

ནོར་མེད་གོས་བཟང་མཆོག་འདོད་དང་།།
གཞན་ལ་སློང་ཞིང་ང་རྒྱལ་ཆེ།།
བསྟན་བཅོས་མི་ཤེས་རྩོད་པར་འདོད།།
གསུམ་པོ་འགྲོ་བའི་བཞད་གད་ས།།

身无分文想服饰，
向人乞讨却傲慢，
不懂经典想辩论，
都是受嘲之把柄。

260

ཡུལ་བཟང་ཡོད་བཞིན་ཡུལ་ངན་ལ།།
སྐྱེ་བོ་ངན་པ་ཕོངས་ཤིང་ཆགས།།
ཀེང་ཤུའི་མེ་ཏོག་ཤ་ཡིན་ཞེས།།
ཅེ་སྤྱང་ལས་གཞན་སུ་ཞིག་རེ།།

虽有富饶之家乡，
恶人喜欢居穷乡；
欲把郁金想成肉，
恶狼才有此妄想。

261

ཆེན་པོ་རྣམས་ལ་དགྲ་བས་ཀྱང་། །
རང་གི་འཁོར་གྱིས་གནོད་པ་མང་། །
སེང་གེ་ལུས་ཀྱི་འབུ་མིན་པ། །
སྲོག་ཆགས་གཞན་གྱིས་ག་ལ་ཟ། །

伟人惨遭陷害时，
随从比敌更可能；
自身所生之虱子，
谁有胆量咬雄狮。

262

རྗེ་བོས་བདག་ལ་གནོད་བྱེད་ན། །
དེ་ལ་སྐྱོབ་པར་བྱེད་པ་སུ། །
སྣང་བས་གཟུགས་ལ་སྒྲིབ་བྱེད་ན། །
དེ་ལ་ལྟ་བའི་ཐབས་གཞན་མེད། །

如果国王想害人，
没人能够去护救；
如果阳光遮色彩，
没有其他观察法。

263

ཆོས་སྐྱོང་ཞི་བར་གནས་པ་ལ།།
འཚེ་བྱེད་ཤིན་ཏུ་ཐ་ཤལ་ཡིན།།
རང་ལ་སྐྱབས་འོངས་བསད་པ་ལ།།
དཔའ་བོ་ཡིན་ཞེས་སུ་ཞིག་སྒྲོགས།།

陷害奉公守法者，

定是卑鄙者所为；

杀害自身保护人，

不会称赞为英雄。

264

སྐྱེ་ངན་རང་ལ་མི་ཕན་ཡང་།།
གཞན་ལ་གནོད་པར་བྱེད་པ་ཡོད།།
སྦྲུལ་གདུག་ཟས་སུ་རླུང་ཟ་ཡང་།།
ཕ་རོལ་མཐོང་ན་མི་གསོད་དམ།།

尽管对己无好处，

恶人照样会害人；

毒蛇虽以气为食，

见到生灵会咬死。

265

འདོད་པ་བདེའོ་སྙམ་སེམས་ཀྱང་།།
དེ་སྤྱོད་སྡུག་བསྔལ་ཕོ་ནའི་རྒྱུ།།
ཆང་འཐུང་བདེའོ་སྙམ་པ་དེ།།
སྨྱོ་བ་བདེ་བར་བསྒོམ་པ་ཡིན།།

若把贪欲当成福，
只能加重诸痛苦；
若把喝酒当成福，
是将疯狂误为福。

266

ཡོན་ཏན་ཅན་ལ་འཇིག་རྟེན་གུས།།
ཡོན་ཏན་འབད་པའི་ཤུགས་ལ་གནས།།
འབད་ནས་ཡོན་ཏན་མི་བསྒྲུབ་པར།།
གཞན་ལ་འཁངས་པས་ཅི་ཞིག་ཕན།།

智者获得世人敬，
学问需要靠勤奋，
不靠勤奋积学问，
埋怨别人没用处。

267

མི་རྣམས་ཚེ་རིང་བ་ལ་སྨོན། །
རྒས་པར་གྱུར་ལ་འཇིགས་པར་ལྟ། །
རྒས་ལ་འཇིགས་ཤིང་ཚེ་རིང་བར། །
འདོད་པ་བླུན་པོའི་ལོག་ལྟ་ཡིན། །

那些羡慕长寿者，
会将衰老当作灾，
怕老却想长寿者，
皆为愚者之邪念。

268

གང་ཞིག་མཁས་པ་ཡོད་བཞིན་དུ། །
དེ་ལ་ཡོན་ཏན་མི་སློབ་ན། །
མི་དེ་གདོན་གྱིས་བཏབ་པའམ། །
ཡང་ན་ལས་ཀྱིས་མནར་བ་ཡིན། །

学者仍然健在时，
不会求取知识者，
不是被魔缠住心，
就是遭业所折磨。

269

གང་ལ་ལོངས་སྤྱོད་ཡོད་བཞིན་དུ།།
སྤྱོད་དམ་སྦྱིན་པར་མི་བྱེད་ན།།
མི་དེ་ནད་ཀྱིས་བཏབ་པའམ།།
ཡང་ན་ཡི་དྭགས་མངོན་སུམ་ཡིན།།

拥有大量钱财时，
既不享用又不施，
不是病魔缠住身，
就是现实之饿鬼。

270

ཆོས་ལུགས་ཤེས་ཀྱང་མི་སྒྲུབ་ན།།
དེ་ཡི་ཆོས་ཀྱིས་ཅི་ཞིག་བྱ།།
ལོ་ཏོག་ཕུན་སུམ་ཚོགས་ན་ཡང་།།
གཅན་གཟན་དགའ་བ་ག་ལ་སྐྱེ།།

懂得教义不修持，
此种教义没用处；
庄稼长得虽茁壮，
对于野兽没诱惑。

271

ལས་ཀྱིས་མནར་བའི་སེམས་ཅན་ལ། །
ལོངས་སྤྱོད་ཡོད་ཀྱང་སྤྱོད་མི་ནུས། །
བྱ་རོག་ལྟོགས་ཀྱང་བསྐུངས་མོད་ཀྱི། །
འགྲངས་པར་ཟ་བར་ག་ལ་ནུས། །

业力折磨之众生，
虽有财富无法享；
乌鸦饿着也埋食，
自己强忍饥饿苦。

272

སྤྱོད་དམ་སྦྱིན་པར་མི་ནུས་པའི། །
ནོར་དེས་ཕྱུག་པོར་བསྒོམ་ན་ནི། །
རི་བོ་གསེར་དུ་བསྒོམས་པ་ཡིས། །
ཕྱུག་པོ་བསྒྲུབ་པ་ཤིན་ཏུ་སླ། །

不用不施之财富，
当作富裕之象征；
似把大山想为金，
变成富裕很容易。

273

ཆོས་དང་ཆོས་མིན་སྨྲ་བ་ལ། །
མཁས་པ་ཤིན་ཏུ་མང་ན་ཡང་། །
དེ་ལྟར་ཤེས་ནས་ཉམས་ལེན་པ། །
འཇིག་རྟེན་འདི་ན་ཤིན་ཏུ་དཀོན། །

宣说佛法他法时，
头头是道有学问；
如此付出实践者，
反而显得特别少。

274

རིགས་གཟུགས་ལང་ཚོ་ལྡན་ན་ཡང་། །
ཡོན་ཏན་མེད་ན་མཛེས་མ་ཡིན། །
རྨ་བྱ་སྤུ་སྤྲུག་ཡིད་འོང་ཡང་། །
ཆེན་པོའི་རྒྱན་དུ་འོས་སམ་ཅི། །

种姓高贵相貌好，
没有智慧不成秀；
孔雀羽毛虽美丽，
难成伟人之装饰。

275

སྣ་ཡི་ཚབ་མ་ཉོས་པའི་བུ།།
གཡར་བའི་རྒྱན་དང་བརྐུས་པའི་ནོར།།
སློབ་དཔོན་མེད་པའི་རིག་པ་རྣམས།།
ཡོད་ཀྱང་གཞན་གྱིས་བརྩི་བ་མེད།།

嫁接鼻子买来子，
借来服饰偷来钱，
没有师承之手艺，
尽管拥有难启齿。

276

མི་གང་བྱས་པ་མི་གཟོ་བ།།
དེ་ནི་གཞན་པས་རང་ལ་གནོད།།
ལྟས་ངན་བསྒྲུབ་པ་ཉེས་པ་འགའ།།
དགྲ་ཡི་ཐོག་མར་རང་ལ་འབྱུང་།།

所有不会感恩者，
对己比他更有害；
只修害人之密咒，
害人之前自倒霉。

277

ལོངས་སྤྱོད་འགྲུབ་པར་མཐོང་ན་ཡང་། །
གནས་མ་ཡིན་ལས་སུ་ཞིག་ལེན། །
ལུག་ཐུག་འཐབ་པའི་ཁྲག་བལྡགས་པས། །
ཝ་སྐྱེས་མགོ་བོ་བཀས་ཞེས་ཐོས། །

虽有发财之机会，
不合时宜不行动；
公羊撞头流血时，
狐狸舔食丢性命。

278

འབྲེལ་བ་འགའ་ཡི་ངོར་བྱས་ནས། །
གཞན་དག་སྙེས་ཀྱིས་དོར་མི་བྱ། །
བརྒྱ་བྱིན་ཡིན་ཡང་འཁོར་འདབ་རྣམས། །
ག་བུར་བཞིན་དུ་འཐོར་བར་འགྱུར། །

只凭某种歪关系，
不宜随意抛弃人；
即使因陀罗天王，
眷属也会纷纷逃。

279

རྒྱུན་དུ་འགྲོགས་པའི་གྲོགས་སྤངས་ནས། །
གསར་བུ་འགའ་ལ་ཡིད་མི་བརྟན། །
འུག་པའི་རྒྱལ་པོས་བྱ་རོག་གི །
བློན་པོ་བསྟེན་པས་ཕུང་ཞེས་གྲགས། །

不要轻易弃友后，
急着依靠新朋友；
鸱拜乌鸦当军师，
遭遇全军覆灭果。

280

མི་ངན་འབད་པས་བསྟེན་བྱས་ཀྱང་། །
རང་གི་མི་རུ་འགྲོ་བ་མེད། །
ཆུ་ནི་ཇི་ལྟར་བསྐོལ་གྱུར་ཀྱང་། །
མེ་རུ་འབར་བ་མི་སྲིད་དོ། །

尽管竭力亲恶者，
成为亲人是妄想；
不管怎样来烧水，
水中难以生火焰。

281

རྒྱུ་མཚན་བརྟགས་ནས་ཁྲོ་བ་ནི། །
ཅུང་ཟད་རིགས་ཤིང་སེལ་བའང་ཤེས། །
རྒྱུ་མེད་པར་ནི་གང་ཁྲོ་བ། །
དེ་ཡི་བསལ་ཐབས་སུ་ཡིས་ཤེས། །

弄清事因后愤怒，
依靠道理能解决；
无缘无故而发怒，
无人有法去解决。

282

དགྲ་བོའི་ནུས་པ་མ་བརྟགས་པར། །
ཉམ་ཆུང་ན་ཡང་བརྙས་མི་བྱ། །
ད་ཏི་ཧྦ་ལ་བརྙས་པ་ཡིས། །
ནམ་མཁའ་ལྡིང་གིས་རྒྱ་མཚོ་བཅོམ། །

没有弄清敌情前，
不宜随便凌弱者；
歧视陀地巴神鸟，
龙王殿被金鹏毁。

283

བསོད་ནམས་འཛད་ན་ངན་སེམས་སྐྱེ།།
རིགས་འཛད་པ་ན་བུ་ངན་སྐྱེ།།
ནོར་འཛད་པ་ན་བརྐམ་ཆགས་སྐྱེ།།
ཚེ་འཛད་པ་ན་འཆི་ལྟས་འབྱུང་།།

耗尽福泽生恶念，
家衰会有孽子出；
挥尽金钱起贪心，
耗尽寿元现死兆。

284

རང་གིས་ངན་སྤྱོད་མ་བྱས་ན།།
བརྒྱ་བྱིན་གྱིས་ཀྱང་སྨད་མི་ནུས།།
ཆུ་མིག་རང་ཉིད་མ་བསྐམས་ན།།
ས་ཡིས་མནན་པས་ག་ལ་ཐུབ།།

自己不做违法事，
帝释天亦无奈何；
除非泉眼自干涸，
用泥填堵无作用。

285

བྱ་བ་མི་འདྲ་བརྒྱ་ཕྲག་རྩོམ། །
མཐར་ཕྱིན་བྱ་བ་གཅིག་ཀྱང་མེད། །
བློ་རྒོད་ཕལ་ཆེར་གྲོང་བར་གྱི། །
ཁྱི་རྐན་འདྲ་བར་རྒྱུན་དུ་འཁྱམས། །

喜欢着手很多事，
很难完成一件事；
见异思迁者如狗，
时常流窜在村庄。

286

ལས་ཀྱི་ཤུགས་ཀྱིས་ཁྲིད་པ་ན། །
བློ་ཆེན་ལོག་པའི་ལམ་ནས་འགྲོ། །
མུ་སྟེགས་བྱེད་པའི་སྡོན་པ་མཆོག །
དབང་ཕྱུག་སྨྱོན་པའི་བརྟུལ་ཞུགས་འཛིན། །

若受命运之驱使，
智者也会走邪路；
修持外道诸禁戒，
自在天神变疯狂。

287

མི་གང་ཁྲིམས་ལས་གང་འདའ་བ།།
རེ་ཞིག་རྒྱལ་ཡང་ཕམ་པ་ཡིན།།
ཆུ་སྐྱར་ཁྲིམས་ལས་འདས་པ་ཡིས།།
ས་ཀུན་ཐོབ་ཀྱང་སེང་གེས་བསད།།

尽管违法之形式，
能够获利终败落；
鱼鹞违法得土地，
最后还遭森格杀。

288

ཧ་ཅང་ཤེས་རབ་ཆེ་དྲགས་པའི།།
བྱ་བ་མང་ན་བདག་ཉིད་བརླག།
རྒྱལ་པོ་དྲན་རྒྱ་ཆེས་པ་ཡིས།།
རྒྱལ་སྲིད་ཉམས་པ་ཤིན་ཏུ་མང་།།

尽管特别有智慧，
办事过多毁自己；
想法很多之国王，
多数因事而失政。

289

ཧ་ཅང་ལོངས་སྤྱོད་བསགས་དྲགས་པའི། །
ནོར་ནི་རང་གི་གཤེད་མ་ཡིན། །
ཕྱང་ཁྲོལ་ཕལ་ཆེར་ཕྱུག་པོ་ལ། །
འབྱུང་གི་སྤྲང་པོ་བདེ་བར་གྱུར། །

如果积累过多财，
因财促成催命鬼；
富家常出败家子，
乞丐反而显安乐。

290

ཧ་ཅང་མཐུ་རྩལ་ཆེ་དྲགས་ན། །
ལྐེབ་པའི་སྟ་གོན་བྱེད་པ་ཡིན། །
གཡུལ་དུ་བསད་པ་ཕལ་མོ་ཆེ། །
མཐུ་རྩལ་ཅན་ལ་བྱུང་བ་མང་། །

武艺过于强大者，
似为送命做准备；
多少死于沙场者，
都是武艺高超者。

291

འབྱོར་དང་ཤེས་རབ་སྟོབས་ལ་སོགས། །
བསོད་ནམས་ལྡན་ལ་གྲོགས་སུ་འགྱུར། །
བསོད་ནམས་མེད་ན་དེ་དག་ཀུན། །
བདག་ཉིད་བརླག་པའི་རྒྱུ་རུ་འགྱུར། །

钱财智慧权势等，
若有福泽成帮手；
若是没有福泽者，
往往成为丧命因。

292

མཁས་པས་བྱ་བ་ཅི་བྱེད་ཀྱང་། །
རང་གི་བསོད་ནམས་བརྟགས་ཏེ་བྱ། །
རྩོད་དུས་བསོད་ནམས་ཕུན་ཚོགས་པ། །
སྐྱེ་བོ་བརྒྱ་ཡི་ནང་ནའང་དཀོན། །

智者无论做什么，
都会依照福泽行；
斗诤时期众人里，
基本缺乏有福者。

293

རྫིང་ངན་ཆུ་ཡིས་ཁེངས་པ་ན། །
སྦུགས་གཅིག་ཅི་ནས་འཛིག་པ་ལྟར། །
གང་ལ་ནོར་དང་ལྡན་གྱུར་པ། །
དེ་ལ་རིགས་རྒྱུད་ཤིན་ཏུ་དཀོན། །

臭池被水灌满后，
会在某地裂口子；
犹如富有钱财家，
难有人丁兴旺者。

294

བུ་དང་ལྡན་ལ་ནོར་ཆེན་དཀོན། །
དེ་དང་ལྡན་ན་དགྲ་བོས་འཇོམས། །
ཐམས་ཅད་ཕུན་སུམ་ཚོགས་གྱུར་ན། །
མི་དེ་མྱུར་དུ་འཆི་བ་མང་། །

了孙满堂常无财，
如果有财遭敌灭，
如果样样都称心，
必定成为短命鬼。

295

དེས་ན་མཁས་པས་བསོད་ནམས་གསག །
བསོད་ནམས་ཁོ་ན་བདེ་བའི་རྒྱུ། །
སུ་ཞིག་གང་ན་ཕུན་ཚོགས་པ། །
དེ་ནི་བསོད་ནམས་བསགས་པའི་རྟགས། །

智者更愿积福德，
唯依福德才圆满；
谁在各方能圆满，
就是积德之标志。

296

རྫུན་གྱིས་ཕ་རོལ་བསླུས་སོ་ཞེས། །
སྙམ་ན་རང་ཉིད་བསླུས་པ་ཡིན། །
ལན་ཅིག་རྫུན་དུ་སྨྲས་པ་དེས། །
བདེན་པ་སྨྲས་ཀྱང་དོགས་པ་སྐྱེ། །

自负通过谎言来，
骗人实际在自欺；
具有撒谎前科者，
说真也会起疑心。

297

ལེགས་ཉེས་རྣམ་པར་མི་དཔྱོད་པར། །
ཁྲོས་ཤིང་ཕ་རོལ་གནོད་འདེབས་པ། །
ཆུང་མ་བསད་པའི་ཕུ་བ་ལྟར། །
གྲོགས་དང་བྲལ་བའི་མྱ་ངན་ཐོབ། །

若无仔细分析前，
就以愤怒伤害人；
犹如杀妻之鸽子，
会遭失伴之痛苦。

298

མ་འོངས་པ་ལ་མི་དཔྱོད་པར། །
བྱུང་བའི་ཚེ་ན་འབད་དེ་བཙལ། །
ཆུ་དང་འཕྲད་ན་ལྷམ་འཕུད་ཀྱི། །
མ་འཕྲད་པ་ནས་ག་ལ་འཕུད། །

未来之事不必思，
遇到必须细观察；
遇见河水要脱靴，
不到河边谁脱鞋。

299

ཕུགས་སུ་བསྒྲུབ་པར་མི་ནུས་པའི། །
བྱ་བ་ལེགས་ཀྱང་འཇུག་མི་རུང་། །
ཁོང་པའི་ནང་དུ་མི་འཇུ་བའི། །
ཁ་ཟས་ཞིམ་ཡང་སུ་ཞིག་ཟ། །

若是不能完成事，
事情再好不宜做；
犹如难以消化之，
食物再香无人用。

300

སྙོལ་བ་ངོར་ནས་འདུག་པ་ལ། །
འདི་ཕྱི་གཉིས་ཀ་འགྲུབ་མི་འགྱུར། །
འབད་པ་མེད་ན་ཞིང་བཟང་ཡང་། །
ལོ་ཏོག་ཐོབ་པར་མི་འགྱུར་རོ། །

不愿勤奋只贪乐，
今生来世无成就；
不是辛勤耕耘者，
土地肥沃没有用。

301

གནས་མ་ཡིན་པའི་དུལ་དྲགས་ན། །
ཐམས་ཅད་ཀྱིས་ནི་བསྒོ་བར་འགྱུར། །
ཤིང་བལ་སྟན་དུ་བྱེད་མོད་ཀྱི། །
ཡལ་ག་སུ་ཞིག་སྟན་དུ་འདིངས། །

不合时宜之温顺，
人人当作奴仆役；
犹如用棉做垫子，
不用树枝当座垫。

302

བྱ་བ་ངན་དང་མི་འགྲུབ་པ། །
ཕ་རོལ་བསྒོ་ཡང་བྱེད་ན་བླུན། །
སྦྱར་དུག་ཉོ་ལ་སུ་ཡིད་རྟོན། །
ཐམས་ཅད་སྦྱིན་ཞེས་སུས་སྨྲ་ནུས། །

若是坏事难办事，
一说就做是愚蠢；
谁会购买合成毒，
有谁敢说全施舍。

303

ནོར་རྣམས་གསོག་ཅིང་མི་སྤྱོད་པ།།
རང་བསྲེག་བུད་ཤིང་གསོག་པ་ཡིན།།
བུང་བ་སྦྲང་རྩི་མི་ཟ་བར།།
གཞན་གྱིས་ཁྱེར་ན་ལྡེབ་པར་རྫོམ།།

只知积财不消费，
犹如垒柴来自焚；
蜜蜂酿蜜不食用，
他人享用己丧命。

རབ་ཏུ་བྱེད་པ་བརྒྱད་པ། བྱ་བ་བརྟག་པ།

第八品　辨事业篇

304

བློ་ལྡན་བྱ་བ་ཆུང་ཟད་ཀྱང་། །
རྒྱུན་དུ་གྲོས་ཀྱིས་བསྒྲུབ་པར་བྱ། །
གྲུབ་པར་གྱུར་ན་ལྟ་ཅི་སྨོས། །
མ་གྲུབ་ན་ཡང་མཛེས་པའི་རྒྱུ། །

智者尽管办小事，
也会商量后再办，
若能成功是好事，
办砸仍然很体面。

305

སེམས་ཅན་མོས་པ་སྣ་ཚོགས་པས། །
ཐམས་ཅད་མགུ་བར་སུས་ཀྱང་དཀའ། །
རང་ཉིད་ཡོན་ཏན་ལྡན་བྱས་ན། །
ཐམས་ཅད་དགའ་བ་དེ་ལ་ཉེ། །

众生愿望无限多，
很难圆满诸希望；
若是具备智慧者，
贴近别人诸希求。

306

ཤིན་ཏུ་རྒས་པར་གྱུར་ཆེ་ཡང་། །
ཐོས་པ་མང་དུ་བསོག་པར་བྱ། །
ཕྱི་མར་ཐོས་པས་ཕན་པ་ཙམ། །
སྦྱིན་པ་ཡིས་ཀྱང་ག་ལ་ཕན། །

虽然年龄已很老，
需要勤奋积知识；
求学闻法益来世，
不可以施来替代。

307

ཡོན་ཏན་ཀུན་རྫོགས་སྐྱེ་བོ་བསྟེན། །
ཡང་ན་ཐ་མལ་འགྲོགས་པ་བདེ། །
བུམ་པ་ཆུ་ཡིས་གང་བ་འམ། །
ཡང་ན་སྟོང་པ་ཁུར་བ་སླ། །

依靠博学多闻者，
与庸结交可放心；
犹如水满如意瓶，
如同空瓶容易移。

308

ཡོན་ཏན་ཅུང་ཟད་བསླབས་པའི་མི། །
སུ་ཞིག་གིས་ནི་བསྟེན་པར་ནུས། །
ཆུ་ཕྱེད་གང་བའི་བུམ་པ་དེ། །
མགོ་ལ་བཀུར་བ་སུ་ཡིས་ནུས། །

只懂花拳绣腿者，
不会有人拜为师；
只装半瓶水容器，
没人高高顶在头。

309

མི་གང་སྐྱེ་བོ་དམ་པ་དང་། །
དམན་པའི་ཁྱད་པར་ལེགས་ཤེས་ནས། །
དེ་ཡི་བྱ་བ་བསྒྲུབ་ཤེས་པ། །
ཕུན་སུམ་ཚོགས་པའི་གཞི་ཆེན་ཡིན། །

何者能够清楚地，
懂得圣愚者差别，
并能办好诸善事，
就是圆满之根本。

310

བློ་གྲོས་ལྡན་པས་ལེགས་བསྐྱངས་ན། །
སྐྱེ་བོ་དམན་པའང་མཆོག་ཏུ་འགྱུར། །
སློབ་ཤེས་དག་གིས་ནེ་ཙོ་ལ། །
བསླབས་ན་འདོན་པ་ཤེས་པར་འགྱུར། །

获得智者之培养，
恶者也能变高尚；
若有专家之训练，
鹦鹉也能诵典籍。

311

ཉམས་སྟོབས་ཆུང་བའི་སྐྱེ་བོས་ཀྱང་། །
ཆེན་པོ་གཞན་ལ་བརྟེན་ན་འགྲུབ། །
ཆུ་ཡི་ཐིགས་པ་ཉམ་ཆུང་ཡང་། །
མཚོ་དང་འདྲེས་ན་སྐེམ་མི་ནུས། །

虽是弱小卑微者，
依靠智者能成事；
水滴虽然很渺小，
融入大海不干枯。

312

རང་ལ་བློ་གྲོས་མི་ལྡན་ན། །
བློ་ཆེན་གཞན་ལ་ལེགས་པར་འདྲི། །
ལག་པས་དགྲ་བོ་མི་གསོད་ན། །
མཚོན་ཆ་ལེན་པར་མི་བྱེད་དམ། །

如果自己没智慧，
就应谦虚问智者；
空手不能杀敌人，
只能拿起武器来。

313

གནོད་པར་བྱེད་པའི་དགྲ་བོ་ཡང་། །
ཐབས་དང་ལྡན་ན་གྲོགས་སུ་འགྱུར། །
དུག་ཆེན་ལུས་ལ་གནོད་མོད་ཀྱི། །
སྦྱོར་བ་ཤེས་ན་སྨན་དུ་འགྱུར། །

虽是带来灾祸者，
若有智慧化为友；
毒对身体有危害，
懂得调配成良药。

314

རིགས་པས་རྙེད་པའི་ཟས་ནོར་བླང་།།
མི་འོས་གཞན་ལ་རློམ་སེམས་སྤང་།།
ཤིང་ཏོག་ཤིང་རྩེ་ལས་བླང་གི།
དེ་ལས་ཐལ་ན་ས་ལ་ལྷུང་།།

依智之财理应取，
贪婪之欲需除之；
树梢果子可采摘，
超过树梢会掉落。

315

མཁས་པས་སྒྲིམ་པར་མི་བྱེད་པ།།
དེ་ཡི་བར་ལ་ཉེས་པ་འབྱུང་།།
བློ་དང་ལྡན་པས་རབ་བསྒྲིམས་ན།།
ཉེས་པ་འབྱུང་བའི་གོ་སྐབས་དཀའ།

如果智者不谨慎，
难免出现诸灾祸；
智者随时都谨慎，
很难发生不幸事。

316

ཇི་སྲིད་རང་སྟོབས་མ་རྫོགས་པར། །
དེ་ཡི་བར་དུ་དགྲ་རྣམས་བཀུར། །
ནུས་པ་རྫོགས་ནས་གང་རིགས་པ། །
བྱ་ཞེས་བསྟན་བཅོས་གཞན་དག་སྨྲ། །

自己力量不足时，
需要向敌示恭敬；
自身强大随意行，
均出相关之经典。

317

དགྲ་བོ་སྙན་པར་སྨྲ་ན་ཡང་། །
བློ་དང་ལྡན་པ་ཡིད་མི་བརྟན། །
ཚ་སྐྱར་བྱི་ལ་དེས་པ་ཡིས། །
ཕ་རོལ་གསོད་ལ་རྟག་ཏུ་བརྟེན། །

敌人之言虽动听，
智者不会轻易信；
鱼鹞狸猫虽柔顺，
仍然暗藏着杀机。

318

ཡུལ་གྱི་བདག་པོ་ཞེ་སྡང་ཡང་། །
དེ་ལ་དགའ་བས་བསྟེན་ཏེ་བསྡད། །
ས་ལ་རྐང་པ་འདྲིད་གྱུར་ན། །
ས་ཉིད་ལ་ནི་བརྟེན་པ་བཞིན། །

尽管怨恨地方官，
需要友好来相处；
尽管失足倒在地，
依靠大地才站稳。

319

ཧ་ཅང་འདོད་ལ་བརྐམ་པ་ཡིས། །
སྐྱེ་བོ་མྱུར་དུ་བརླག་པར་འགྱུར། །
མཆིལ་པའི་ཤ་ལ་ཆགས་པ་ཡིས། །
ཉ་རྣམས་དེ་མ་ཐག་ཏུ་གསོད། །

若是贪得无厌者，
很快将己引向灾；
如果禁不住诱惑，
如同鱼群被捕杀。

320

མཆོད་འོས་པ་དང་འཁོར་རྣམས་ཀྱང་། །
རྟག་ཏུ་སྦྱིན་པས་བསྡུ་བར་བྱ། །
མཆོད་གཏོར་ལ་ནི་ལྷ་རྣམས་དང་། །
ཡི་དྭགས་བར་དུ་མགུ་བས་བསྲུང་། །

显贵对己诸下属，
常用布施来笼络；
能够布施供品者，
天神饿鬼也愿护。

321

ཆེན་པོ་རྣམས་ཀྱིས་རྩེད་མོ་དང་། །
བདེ་དང་ཟས་ལ་ཆགས་པ་སྤང་། །
འདོད་ལ་ཞེན་པའི་ལེ་ལན་གྱིས། །
འབོད་སྒྲོགས་ལང་ཀ་བསད་ཅེས་གྲགས། །

智者不迷于娱乐，
亦弃安逸和邪念；
因为过分之贪欲，
罗刹被杀在楞伽。

322

བྱམས་རྩོད་གཉིས་ཀ་ཆེན་པོ་དང་།།
བྱ་ཡི་དམན་དང་ནམ་ཡང་མིན།།
ནོ་ཚོང་རིན་ཆེན་ལ་བྱ་ཡི།།
སྦྱར་དུག་ལ་ནི་དེ་ལྟར་མིན།།

能和智者辩论事，
恶者绝不能辩解；
有宝能使生意兴，
不视毒药为财源。

323

དཔྱ་བ་མང་ཕྱིན་རྒྱལ་པོའི་མཛོད།།
ཏ་ཙང་མི་བསྡུ་ཉུང་ངུས་ཁེངས།།
གྲོག་མཁར་སྦྲང་རྩི་ཡར་ངོ་ཡི།།
ཟླ་བ་ཉུང་ངུ་ཉུང་ངུས་ཁེངས།།

国王不宜广征税，
尽管量少也满库；
蚁蛭蜂蜜上弦月，
都是积少才成多。

324

རྗེ་བོས་འབངས་ལ་མི་གནོད་པར། །
རིགས་པའི་ལམ་གྱིས་དཔྱ་རྣམས་བསྡུ། །
སཱ་ལའི་ཤིང་ལས་སྤོས་ཀྱི་བཅུད། །
གཟགས་པ་མང་ན་སྐམ་པར་འགྱུར། །

国王通过不害民，
运用智慧征税收；
娑罗树中虽藏香，
流得太多会枯死。

325

རྗེ་བོ་ལྷག་པར་དེས་པ་དགོས། །
རྒྱུ་མཚན་ཆུང་ངུས་ཁྲོ་མི་རུང་། །
སྦྲུལ་ལ་ནོར་བུ་ཡོད་ན་ཡང་། །
སེམས་ཤེས་སུ་ཞིག་དྲུང་དུ་སྡོད། །

国王需要高品性，
不因小事就动怒；
毒蛇体内虽藏宝，
智者谁会接近它？

326

གང་ཞིག་ནོར་འདོད་སྐྱེ་བོས་ཀྱང་། །
ཆོས་ཉིད་གཙོ་བོར་བསྲུང་བར་བྱ། །
ཆོས་ལས་ཉམས་པའི་ནོར་ཅན་ནི། །
འཇིག་རྟེན་འདིར་ཡང་ག་ལ་རྟག །

虽是非常贪财者，
也应遵守道德法，
败坏道德所得财，
不能安然长享用。

327

ཧ་ཅང་བྱམས་ཐལ་གཉེན་ལའང་མིན། །
ཤིན་ཏུ་གནོད་ཆེ་དགྲ་ལའང་མིན། །
གཉེན་ལ་རེ་བ་འཁོན་གཞི་སྟེ། །
གནོད་ལན་ཀུན་གྱིས་བསྒྲུབ་པར་སླ། །

不宜过分慈亲戚，
不宜过分恨敌人；
过分慈友结成怨，
人人都会报复敌。

328

འཇམ་པོས་འཇམ་པོ་འཇོམས་བྱེད་ཅིང་། །
འཇམ་པོས་རྩུབ་པོའང་འཇོམས་པར་བྱེད། །
འཇམ་པོས་ཀུན་འགྲུབ་དེ་ཡི་ཕྱིར། །
འཇམ་ཉིད་རྗེ་ཞེས་མཁས་རྣམས་སྨྲ། །

以柔之法可克柔，
以柔也能克粗鲁；
柔和成就一切事，
智者都赞柔和法。

329

སུ་ལའང་བདག་གི་དགྲ་ཡིན་པ། །
འགའ་ཡང་བདག་ལ་མི་བྱམས་ཞེས། །
མི་བྱམས་ན་ཡང་དེ་མི་བསྒྲག །
བསྒྲགས་ན་དེ་ཉིད་འབྱེད་པའི་སེལ། །

不宜声张谁为仇，
不宜埋怨谁不慈；
若把怨声传出去，
造成不必之裂痕。

330

ངོ་ཚ་ཁྲེལ་ལ་མི་ལྟ་ཞིང་། །
མཆོད་དང་བརྙས་པའི་ཁྱད་མི་ཤེས། །
ཟས་དང་ནོར་ལ་ཆགས་ལྡན་པ། །
དེ་འདྲའི་གནས་སུ་བསྡད་མི་བྱ། །

不顾惭愧和羞耻，
不分尊敬和蔑视，
只有钱财之贪欲，
此地不该长久留。

331

ཡུལ་གཞན་ལེགས་པར་མ་བརྟགས་པར། །
སྔ་མའི་གནས་ནི་དོར་མི་བྱ། །
རྐང་པ་ཡ་གཅིག་མ་བརྩུགས་པར། །
གཉིས་ཀ་བཏེགས་ན་འགྱེལ་བའི་རྒྱུ། །

未察陌生环境前，
不该抛弃旧住地；
一脚尚未稳定前，
抬起双脚会摔跤。

332

རང་སྤྱོད་འབད་པས་སྦ་བར་བྱ། །
ཕལ་ཆེར་གསལ་བར་བསྟན་པས་ཉམས། །
སྤྲེའུ་ཟློས་གར་མི་བྱེད་ན། །
མགུལ་དུ་ཐག་པ་ཅི་སྟེ་འདོགས། །

敏于掩盖己行为，
公开表露会遭灾；
猴子如果不善演，
何必脖上套绳索。

333

ཉེས་པ་མངོན་སུམ་མཐོང་ན་ཡང་། །
གནས་མ་ཡིན་ལ་སྨྲ་མི་བྱ། །
ལྟས་ངན་མཐོང་ན་སྨྲ་བ་པོའི། །
ཐོག་ཏུ་འབྱུང་ཞེས་འཇིག་རྟེན་སྒྲོགས། །

即便亲眼看到罪，
不宜不分场合讲；
看见恶兆就乱讲，
会使自己遭灾祸。

334

གཞན་གྱིས་བརྙས་པར་འགྱུར་བ་ཡི། །
ནོར་དང་ཟས་ཀྱིས་ཅི་ཞིག་བྱ། །
ཁྱི་ཕག་མི་གཙང་ཟ་བ་ལ། །
མཁས་པ་སུ་ཞིག་ཡིད་སྨོན་བྱེད། །

遭人蔑视之钱财，
对于智者无诱惑；
犹如猪狗爱食脏，
智者哪有此想法。

335

ཕ་རོལ་གནད་དུ་འབེབས་པའི་ཚིག །
དགྲ་བོ་ལ་ཡང་སྨྲ་མི་བྱ། །
བྲག་ཅ་བཞིན་དུ་རང་ཉིད་ལ། །
དེ་མ་ཐག་ཏུ་ལེ་ལན་འབྱུང་། །

能够击中要害语，
即使敌人也不说；
如同山谷之回声，
即时都会有回应。

336

གལ་ཏེ་དགྲ་ལ་གནོད་འདོད་ན། །
རང་ཉིད་ཡོན་ཏན་ལྡན་པར་བྱ། །
དེ་ཡིས་དགྲ་ཡང་སེམས་སྡུག་ཅིང་། །
རང་ཡང་བསོད་ནམས་འཕེལ་བར་འགྱུར། །

如果想要制服敌，
首先自己有本领，
这样既能令敌服，
也能为己积福泽。

337

མི་བསྲུན་འགྲོ་ལ་བྱམས་སེམས་བསྐྱེད། །
རྩུབ་སྤྱོད་ཁོ་ནས་གདུལ་བར་བྱ། །
རང་གི་ལུས་ལ་ཕན་འདོད་རྣམས། །
གཏར་དཔྱད་ཀྱིས་ནི་ནད་རྣམས་འདོན། །

想让恶人变慈悲，
就用暴力来钳制；
想对身体有好处，
就用放血来根除。

338

གནོད་པར་བྱེད་པ་ཆུང་ངུ་ཡང་། །
མྱུར་དུ་བསལ་ལ་འདུམ་པར་བྱ། །
ཡུར་བ་ཆུང་ངུའི་རྗེས་ཞུགས་ནས། །
འོད་པ་ཆེན་པོ་མ་མཐོང་ངམ། །

尽管危害很微小，
也应迅速消解它；
水坝虽裂小缝隙，
亦会造成大灾难。

339

མཁས་པས་བྱ་བ་མ་ཡིན་པའི། །
བྱ་བ་ཤེས་ཀྱང་མི་བྱའོ། །
གླང་པོས་དགྲ་སྡེ་བཅོམ་པ་ཡིས། །
རྒྱུན་དུ་རྒྱལ་པོས་བཅིངས་ལ་ལྟོས། །

智者不该做之事，
尽管会做不去做；
大象虽能破敌阵，
时常会被王者缚。

344

བདག་བས་མཐོ་བའི་དམ་པ་ལ།།
བསྟེན་ན་བདག་ལ་ཕན་པ་སྒྲུབ།།
ལྷུན་པོའི་ངོས་ལ་གནས་པ་ཡི།།
བྱ་རྣམས་གསེར་དུ་སྣང་བར་འགྱུར།།

皈依比己高明者，
必定对己有利益；
活在须弥山之鸟，
必定变为黄金色。

345

ཆེན་པོ་ཕྲག་དོག་ལྡན་པ་ལ།།
བརྟེན་ན་ཆེན་པོ་ཐོབ་མི་འགྱུར།།
ཉི་མའི་འོད་ལ་ཉེ་བ་ཡིས།།
ཟླ་བ་མར་ངོར་གྱུར་ལ་ལྟོས།།

追随嫉妒心强者，
不可能功成名就；
月亮离太阳太近，
就会出现下弦相。

346

མི་གང་མཛའ་བ་མི་བརྟན་པ།།
དེ་དང་འགྲོགས་པར་སུ་ཞིག་འཐམ།།
ནམ་མཁའི་འཇའ་ཚོན་མདོག་མཛེས་ཀྱང་།།
རྒྱན་དུ་རེ་ན་གླེན་པོ་འཁྲུལ།།

若连亲友也不信，
没人跟他交朋友；
虽然彩虹很美丽，
愚者才会当装饰。

347

བདག་ཉིད་གང་ལ་མི་དགའ་བ།།
གཞན་ལ་ཀུན་ཏུ་དེ་མི་བྱ།།
གཞན་གྱིས་ཙུང་ཟད་གཙེས་པའི་ཚེ།།
རང་ལ་བསམ་པ་ཅི་འབྱུང་སོམས།།

自己不喜欢之事，
不要随便强加人；
试想自己受害时，
究竟会有何感觉。

348

གང་ཞིག་བདག་ཉིད་གང་དགའ་བ། །
དེ་ཉིད་གཞན་ལ་སྦྱར་བྱས་ན། །
གཞན་གྱིས་བདག་ལ་གང་དགའ་བ། །
དེ་ཡི་ཚུལ་གྱིས་མཚོད་པར་འགྱུར། །

如同自己之爱好，
去做别人想做事；
别人也会同样地，
来做你所想做事。

349

དམུ་རྒོད་རྣམས་དང་མཛའ་བ་དང་། །
རྩོད་པ་གཉིས་ཀ་མཁས་པས་སྤང་། །
འགྲས་པ་དང་ནི་འདྲིས་པའི་ཚུལ། །
གཉིས་ཀ་སྡིག་ལ་བྱར་མི་རུང་། །

不宜随便和愚者，
亲密接触论是非，
过于结怨或亲近，
都会带来诸不幸。

350

དམ་པ་དག་ལ་བསྟེན་པ་དང་།།
མཁས་པ་དག་ལ་འདྲི་བ་དང་།།
གཞུང་བཟང་པོ་དང་འགྲོགས་པ་ནི།།
སུ་ལ་ཡོད་པ་རྒྱུན་དུ་བདེ།།

虔诚依靠高尚者，

诚恳请教饱学者，

忠诚交结厚道者，

时常带来诸安乐。

351

དུས་སུ་མ་བབ་པ་ཡི་གཏམ།།
གང་སྨྲ་དེ་ལ་ཀུན་གྱིས་བརྙས།།
མང་པོ་སྨྲ་བའི་གཏམ་ཚིག་ལས།།
སྨྱོན་པར་རྗེས་སུ་མི་དཔོག་གམ།།

常说不合时宜话，

容易引起众蔑视；

喋喋不休言谈者，

容易断定为疯子。

352

ཉམ་ཆུང་རྣམས་ཀྱིས་རང་ཉིད་ཀྱི། །
སྨྲ་བ་ཐམས་ཅད་འཁྲུལ་བར་བསམ། །
དེ་ལྟར་གོ་ནས་མི་སྨྲ་བའི། །
མི་ལ་གཞན་གྱིས་བཀུར་བ་ཉེ། །

微者时常说话时，
谨慎自己说错话；
懂得这点不多言，
也会获得他人敬。

353

ཡུལ་དང་དུས་ལ་བབ་པའི་ཚེ། །
རབ་ཏུ་བསྒྲིམས་ཏེ་ལན་འགའ་སྨྲ། །
ལེགས་བཤད་ཡིན་ཡང་མང་གྱུར་ན། །
ཚོང་ཟོང་ལྷག་བཞིན་བྲིན་མི་འགྱུར། །

即使时机成熟时，
也应谨慎少说话；
格言说得太多时，
也像余货不值钱。

354

རང་སྐྱོན་མཁས་པ་རྣམས་ཀྱིས་ཀྱང་།།
སྐྱོན་དུ་གོ་བ་ཤིན་ཏུ་དཀའ།།
མང་པོས་བདག་ལ་དེ་སྒྲོགས་ན།།
སྐྱོན་ཅན་ཡིན་པར་རྗེས་སུ་དཔོག།

虽为博学多闻者，
很难认识已过失；
多人指出过失时，
就要思考已之过。

355

གོ་ཡང་སྐྱོན་དེ་མི་འདོར་ན།།
མི་དེ་གདོན་གྱིས་བཏབ་པ་ཡིན།།
ད་དུང་གཉེན་པོ་མི་འཇུག་ན།།
མི་ཡིན་སྙམ་དུ་མ་སེམས་ཤིག།

明知已过不愿改，
定是魔鬼夺心智；
会然不知反省者，
没有必要当人看。

356

ཅུང་ཟད་བསམ་པ་ཡོད་རྣམས་ཀྱིས། །
སྐྱོན་དེ་བརྟག་ལ་གདོན་པར་བྱ། །
དེ་ལྟར་གཉེན་པོ་སྤྱོད་པ་ཡི། །
མི་དེ་གོང་ནས་གོང་དུ་འགྲོ། །

若是稍有心智者，
时常提防犯错误；
若为及时反省者，
自然就会有进步。

357

བློ་དང་ལྡན་པའམ་བྱམས་ཀྱང་རུང་། །
བསྒོ་བ་ཉན་པའམ་དཔའ་ཡང་རུང་། །
གཞན་གྱི་བྱ་བ་མི་ཤེས་ཀྱང་། །
དེ་དང་དེ་ཡི་སྤྱོད་པས་སྐྱོང་། །

智慧者及仁慈者，
随和者及勇敢者，
尽管不懂更多事，
焉知如何护自己。

358

མི་བསྲུན་པ་ཡི་འབྲེལ་བ་དང་།།
རིང་ནས་འགྲོགས་ཀྱང་སྤངས་ན་བདེ།།
རྟག་ཏུ་འགུལ་བའི་སོ་བཟང་ཡང་།།
བཏོན་ན་བདེ་ཞེས་རྒན་པོ་སྨྲ།།

虽和恶者交往久，
能断关系得平安；
松动之牙虽好看，
智者还是拔掉它。

359

རྒྱུན་དུ་འཁང་ཞིང་འཁོར་བ་ཡི།།
འབྲེལ་བ་ཅུང་ཟད་བྱིན་ལ་བསྐྲད།།
སྦྲུལ་གྱིས་ཟིན་པའི་རྨ་དག་ནི།།
གཅོད་མ་ནུས་ན་སྲོག་དང་འབྲལ།།

喜欢抱怨之下属，
给点好处打发走；
毒蛇所咬之伤口，
不忍切除难保命。

360

གལ་ཏེ་ཆེན་པོ་ཐོབ་གྱུར་ན། །
ཕྲན་ཚོགས་གཞན་ལ་སེར་སྣ་སྤང་། །
ཡུལ་འཁོར་དབང་དུ་འདུ་བ་ན། །
དབྱིག་ལ་སེར་སྣ་བྱེད་དམ་ཅི། །

若能获得高位置，
没有必要吝啬财；
若有治国安民权，
不必吝啬施钱财。

361

མཁས་པ་ལོངས་སྤྱོད་གསོག་འདོད་ན། །
ཆ་ཤས་སྦྱིན་པ་སྲུང་བ་ཆེ། །
ཁྲོན་པའི་ཆུ་ནི་འཕེལ་འདོད་ན། །
འཆུ་བ་ཉིད་ནི་གདམས་ངག་ཡིན། །

智者想要积财富，
施舍部分守全部；
想让井水不断流，
时常打水是妙法。

362

གང་ཞིག་ཕུན་སུམ་ཚོགས་འདོད་ན། །
དེ་ཡིས་འདུ་འགོད་མང་དུ་བྱ། །
འདུ་འཛི་སྡུག་བསྔལ་རྒྱུར་མཐོང་ན། །
ཕུན་སུམ་ཚོགས་པའི་རེ་བ་ཐོངས། །

想要幸福和圆满，
平时就要很勤奋；
若把勤劳视为苦，
就该放弃求幸福。

363

བྱ་བ་གང་ཞིག་བསྒྲུབ་ན་ཡང་། །
སྐྱོན་དང་ཡོན་ཏན་གཉིས་གཉིས་སོམས། །
གཉིས་ཀ་མཉམ་ཡང་སྤང་དགོས་ན། །
ཉེས་པ་ཤས་ཆེ་སྨོས་ཅི་དགོས། །

无论从事何种事，
首先考虑其利弊，
利弊相当要放弃，
弊多利少更该弃。

364

མཁས་པ་དྲང་པོ་གུས་པས་བསྟེན། །
མཁས་པ་གཡོ་ཅན་ཤེས་ན་གཟབ། །
རྨོངས་པ་དྲང་པོ་བྱམས་པས་བསྐྱང་། །
རྨོངས་པ་གཡོ་ཅན་སྤུར་དུ་སྤང་། །

耿直学者要亲近，
狡猾学者要留心；
诚实庸人要慈悲，
狡猾庸人要抛弃。

365

ནོར་དང་གཡོག་འཁོར་མེད་ན་ཡང་། །
མཛའ་བོ་བློ་ལྡན་གྲོགས་ཡོད་ན། །
དུད་འགྲོས་ཀྱང་ནི་དོན་འགྲུབ་ན། །
མི་ཡི་འགྲོ་བས་སྨོས་ཅི་དགོས། །

虽无钱财和随从，
智慧之友也能帮；
如果畜生能办事，
何况更是智慧者。

366

གང་ཞིག་ཤེས་པའི་བྱ་བ་བསྐོ།།
མི་ནུས་པ་ལ་འགའ་མི་སྐུར།།
ཆུ་ལ་ཤིང་རྟས་མི་བགྲོད་དེ།།
ཐང་ལ་གྲུ་ཡིས་ཇི་ལྟར་འགྲོ།།

让人去做能及事，
不逼力所不及事；
马车不能水面行，
船舶不能陆航行。

367

ཡུན་རིང་འཁོན་པའི་དགྲ་བོ་དང་།།
མཛའ་བ་བྱེད་ཀྱང་བསྲེ་མི་བྱ།།
ཤིན་ཏུ་ཁོལ་བའི་ཆུ་ཡིས་ཀྱང་།།
མེ་དང་ཕྲད་ན་མི་གསོད་དམ།།

若与深仇大恨者，
虽有来往忌密切；
虽是高温之开水，
遇到火时仍灭火。

368

གཞུང་བཟང་ངོ་ཚ་ཁྲེལ་ཡོད་ན། །
དགྲ་བོ་ལ་ཡང་ཡིད་བརྟན་རུང་། །
གཞུང་བཟང་དགྲ་ལ་སྐྱབས་སོང་བས། །
སྲོག་གི་བར་དུ་བསྐྱབས་པ་ཐོས། །

只要真诚知羞耻，
即使敌人也可信；
听说拯救勋桑者，
获得终身以恩保。

369

རང་ལ་ངན་སེམས་མེད་ཅེས་ཏེ། །
ཕལ་པ་ཀུན་ལ་ཡིད་མི་བརྟན། །
རི་དྭགས་རྒྱུན་དུ་སེམས་བཟང་ཡང་། །
མཆེ་བ་ཅན་རྣམས་ཟས་སུ་བསྒོམ། །

自称没有心眼者，
所做善事不宜信；
禽兽虽说有良心，
其他动物当食物。

370

བླུན་པོ་ལོག་པའི་ལམ་འགྲོ་ན།།
བླུན་པོ་ཉིད་དུ་གོ་བས་ཆོག །
མཁས་པ་ལོག་པའི་ལམ་འགྲོ་ན།།
རྒྱུ་མཚན་གང་ཞིག་དཔྱད་དགོས་སོ།།

如果愚者走邪路，
可以把他当傻瓜；
如果智者走邪路，
理应追究其原因。

371

མཁས་པས་ལོངས་སྤྱོད་ལྷག་པར་སྤྱད།།
མི་སྟེར་ན་ཡང་འཕྲོག་པ་མེད།།
ལོངས་སྤྱོད་ཉམས་པའི་ས་ཕྱོགས་སྤང་།།
མི་འཕྲོག་ན་ཡང་བརྐུ་སྐྱིས་འཛོམས།།

智者有效使用财，
不施舍也不遭劫；
应该离开耗财地，
不被抢光就剥光。

372

རང་གིས་ལེགས་པར་ཤེས་ན་ཡང་། །
བྱ་བ་ཐམས་ཅད་གྲོས་ཀྱིས་བསྒྲུབ། །
མི་གང་གྲོས་ལ་མི་དགའ་བ། །
འགྱོད་པ་རིན་གྱིས་ཉོ་བ་ཡིན། །

自己虽有博学问，
成事仍然要商量，
办事不愿商量者，
等于拿钱买懊丧。

373

ཉམ་ངའི་གྲོས་དག་བྱེད་པ་ན། །
མཛའ་ཡང་གསུམ་དུ་གྲོས་མི་བྱ། །
རོ་ལངས་སྒྲུབ་པའི་གྲོགས་ངན་ན། །
ཐོག་མར་སྒྲུབ་པོ་ཟ་བར་འགྱུར། །

若是商量危险事，
再亲不宜超三人；
修还生时选恶伴，
就把修炼者吃掉。

374

ལེན་ཤེས་སྙོམས་པར་གཏོང་ལ་མཁས།།
དུལ་ཞིང་ཀུན་གྱི་ངོ་བསྲུང་བ།།
འཇིགས་མེད་བྱས་པ་ཆུད་མི་གཟན།།
མི་དེས་འདོད་ན་ས་ཀུན་ཐོབ།།

精于取舍平衡及，
和蔼尊重他人者，
无所畏惧不忘恩，
就能圆满所有愿。

375

གལ་ཏེ་དགྲ་བོ་སྐྱབས་འོང་ན།།
དེ་ལ་མཆོད་ནས་སྣན་པ་བརྗོད།།
ཁྭ་ཏས་བྱི་བ་ལ་བརྟེན་ནས།།
བདེ་བ་ཐོབ་ཅེས་སྨོན་རབས་སྨྲ།།

若敌前来求保护，
应予供养和赞美；
乌鸦依靠老鼠后，
如愿获得平安福。

376

གྲོགས་པོ་ངན་དང་ཐོས་པ་ངན། །
རྟོག་པ་ངན་དང་བྱ་བ་ངན། །
མཁས་པ་རྣམས་ཀྱིས་མི་བྱ་སྟེ། །
བྱེད་ན་གླེན་པོ་ཀུན་ན་མེད། །

结交恶友信谗言，
持有邪见干坏事；
智者不会有此行，
一意孤行属愚蠢。

377

ལེགས་པར་བརྟགས་ནས་བྱེད་པ་ལ། །
བྱ་བ་ཉམས་པ་ག་ལ་སྲིད། །
མིག་ལྡན་བརྟགས་ནས་འགྲོ་བ་ན། །
གཡང་སར་གོམ་པ་འདོར་རམ་ཅི། །

仔细研究再行动，
肯定不会出失误；
犹如睁眼走大路，
不会堕入万丈渊。

378

རང་གཞན་གཉིས་ཀ་འཕེལ་འགྱུར་བའི། །
ཡོན་ཏན་སློབ་ན་མཁས་པའི་རྟགས། །
རིག་པ་འགའ་ཞིག་མདའ་མཁན་ལྟར། །
ཤེས་པ་ཉིད་ན་ཚེ་འབྲང་འཇིག །

学会利己利人者，
方能显示智者相；
有些知识如射术，
学会就要灭家族。

379

རང་ཉིད་ཅིས་ཀྱང་མཐོ་འདོད་ན། །
གཞན་ལ་ཕན་པ་འབའ་ཞིག་གྱིས། །
བྱད་ལ་བྱི་དོར་བྱེད་པ་རྣམས། །
སྔོན་དུ་མེ་ལོང་མི་འཕྱི་འམ། །

如果想要获高位，
首先必须会利人；
要想容颜更漂亮，
首先必须擦亮镜。

380

ཕ་རོལ་ཅི་ནས་གཞོམ་འདོད་ན། །
རང་གི་ཡོན་ཏན་འབད་པས་སྦྱབ། །
དགྲ་བོ་གསོད་པར་འདོད་པ་རྣམས། །
མཚོན་ཆ་འབད་ནས་སྦྱབ་ལ་ལྟོས། །

要想能够征服敌，
就要勤奋练本领；
要想能够杀敌人，
必须勤奋练刀枪。

381

གཡོན་ཅན་ཚིག་ལ་བྲོན་འཇུག་པས། །
དྲང་པོས་དེ་ལ་བརྟག་དཔྱད་དགོས། །
བསླུས་རྗེས་ཁོ་བོ་དྲང་པོ་ཞེས། །
རང་ལ་བསྟོད་པས་ཅི་ཞིག་ཕན། །

诈者善于演温顺，
诚者需要特留心；
骗后自称老实人，
如此自夸没用处。

382

གཡོ་ཅན་སོགས་ལ་གཡོ་སོགས་དང་།།
དྲང་པོ་སོགས་ལ་དྲང་པོ་སྟེ།།
མི་བརྟན་པ་ལ་བརྟན་དགོས་ཞེས།།
བྱ་བ་སྔོན་གྱི་ཡིག་ཚངས་ཡིན།།

对付奸者要狡猾，
对待诚者要诚实，
对待动摇者坚定，
都是前人之遗训。

383

མཁས་པས་རྟག་ཏུ་དགྲ་ལ་ཡང་།།
གཉེན་དེས་རྗེན་ཏུ་བྱས་ན་ལེགས།།
དེ་ཡིས་འདུམ་ལ་མི་ཕན་ཡང་།།
ངེས་པར་གནོད་སེམས་འཛིལ་བའི་སྨན།།

智者对待敌人时，
时常也要像亲友，
虽然无利于和解，
却是消怨之良药。

384

ཚིག་ངན་བརྗོད་པས་འཇིག་རྟེན་དུ།།
འདོད་པ་འགྲུབ་པ་མི་སྲིད་ཀྱིས།།
ཡིད་ལ་རང་འདོད་བསྒྲུབ་ན་ཡང་།།
ངག་གིས་ཀུན་དང་མཐུན་པར་གྱིས།།

只会恶言和恶语，
不能成就任何事；
心中虽然有私利，
说话却得随附人。

385

རང་དང་གཞན་གྱི་དོན་གྲུབ་ན།།
འཇམ་རྩུབ་ཇི་ལྟར་བྱས་ཀྱང་རུང་།།
ཐབས་ལ་མཁས་པའི་སྤྱོད་པ་ལ།།
གཡོ་སྒྱུ་ཐུབ་པས་མ་གསུངས་སོ།།

若为利己利他事，
可用软硬兼备法；
对于足智多谋者，
佛祖并未说奸诈。

386

ཐ་མར་ཤིན་ཏུ་ཕན་པའི་ཕྱིར། །
འཕྲལ་ལ་སྡུག་ཀྱང་མཁས་པས་བསྟེན། །
རྒས་ཤིང་གདུངས་ན་ཡོན་ཏན་རྣམས། །
བུ་གཅིག་པ་ལ་མཁས་རྣམས་སློབ། །

若为实现长远计，

智者忍受暂时痛；

学者即使老又病，

仍把知识传后人。

387

ལོངས་སྤྱོད་ཧ་ཅང་འཕེལ་དྲགས་ན། །
དེ་ལ་རྒུད་པ་ཤིན་ཏུ་ཉེ། །
ཆུ་ཡིས་ཤིན་ཏུ་གང་བ་ཡི། །
རྫིང་བུ་སྟོང་ངམ་ཡང་ན་འདྲལ། །

如果过分积财富，

很快就会走向衰；

犹如流水灌满池，

不是决堤也流尽。

388

སྐྱེ་བོ་འགའ་ལ་ཕན་པའི་ལས། །
ལ་ལས་དེ་ལ་འཇུག་མི་རུང་། །
སྒོག་སྐྱ་རླུང་ལ་ཕན་མོད་ཀྱི། །
མཁྲིས་པའི་ནད་ལ་དུག་ཏུ་འགྱུར། །

只利部分之事情，
难定适于其他人；
大蒜虽能治风寒，
患胆病者是毒素。

389

ཉམ་ཆུང་རྟག་ཏུ་བསྐྱང་དགོས་དང་། །
འགྲོགས་ན་ཆེན་པོ་ཉམས་དོགས་ཡོད། །
ཞུན་མར་སྣོད་དུ་བཞག་གྱུར་ན། །
སྣོད་ལ་བྱི་བས་མི་རྒྱུག་གམ། །

若常扶持懦弱者，
强者也会变衰弱；
如把酥油放器中，
会遭老鼠之啃食。

390

ངན་པ་རྣམས་ལ་བརྟེན་བྱས་ན།།
ངན་པའི་ཤན་གྱིས་རང་ལ་གནོད།།
ཡུར་བའི་ཆུ་ལ་བརྟེན་པ་ཡི།།
ཉ་རྣམས་ཞིང་ལ་འགྲེམས་ལ་ལྟོས།།

常和恶人一起混，
受其影响害自己；
依赖渠水之鱼群，
就会曝晒在田野。

391

གཞུང་ངན་བདག་ལ་བརྟེན་འཆའ་ན།།
དེ་ལ་ཅུང་ཟད་བྱིན་ཏེ་བསྐྲད།།
ཁྱིམ་དུ་ལྟས་ངན་བྱུང་གྱུར་ན།།
ནོར་ལས་ཕྱིས་ཏེ་བཟློག་པ་དགོས།།

如果恶人来投靠，
给点东西打发走；
如果家中现恶兆，
需要花钱做消解。

392

དམ་པ་གཞན་དུ་འགྲོ་ན་ཡང་། །
བསྙེན་བཀུར་བྱས་ཏེ་ཉེ་བར་བཞག །
ནོར་བུ་རིན་ཆེན་རྟག་མཆོད་ན། །
བཀྲ་ཤིས་དཔལ་དང་བསམ་པ་འགྲུབ། །

圣者来到陌生地，
能获尊重和供养；
犹如时常供养宝，
便能吉祥和平安。

393

དམན་པའི་སྐྱེ་བོ་བསྟོད་དྲགས་ན། །
ཕྱི་ནས་དེ་ཉིད་ཁྱད་དུ་གསོད། །
མཁའ་ལ་མི་གཙང་གཏོར་གྱུར་ན། །
འཐོར་བ་པོ་ཡི་སྤྱི་བོར་འབབ། །

过分表扬下贱者，
他日反而蔑视你；
若向天空掷脏物，
定将落于掷者头。

394

སྐྱེ་བོ་བློ་ལྡན་མགོ་སྨད་ན།།
སྨོད་བྱེད་ཉིད་ལ་ཉེས་པ་འཕོག།
མར་མེ་ཐུར་དུ་ཁ་བསྟན་ན།།
སྟོན་པ་པོ་ཡི་ལག་པ་སྲེག།

如果辱骂诸智者，

骂者也会遭灾难；

犹如倒着拿火把，

就会烧伤自己手。

395

གང་དང་གང་གི་གནས་ཡིན་པར།།
དེ་དང་དེ་ཡི་གནས་སུ་བཞག།
གཙུག་རྒྱན་རྐང་པར་མི་གདགས་ཏེ།།
རྐང་པའི་རྐང་རྒྱན་སྤྱི་གཙུག་མིན།།

本身属于什么料，

就该用在什么地；

首饰不能戴脚上，

脚镯不能顶在头。

396

བྱ་བ་ཆེན་པོ་སྒྲུབ་པའི་ཚེ། །
འབད་པ་ཡིས་ནི་གྲོགས་བཟང་བསྟེན། །
ནགས་ཚལ་ཆེན་པོ་མེས་བསྲེག་ན། །
རླུང་ཞིག་ཅི་ནས་གྲོགས་སུ་དགོས། །

如果成就伟大事，
必须依靠诸挚友；
想要焚烧大森林，
必须依靠大风助。

397

བྱམས་པས་ཁྱབ་པའི་ཚིག་སྨྲ་བ། །
བསྒྲུབ་སླ་གཞན་དགའ་སྤྱོད་པའི་མཆོག །
ནོར་གྱིས་མགུ་བར་སུ་ཡིས་ནུས། །
ལུས་སྲོག་བཏང་ཡང་ཕྱིད་མི་ཚིམ། །

仁者会说普遍事，
简易之事易吸引；
若是欢喜钱财者，
搭上性命难满足。

398

ཕོངས་ཀྱང་གདུང་བར་མི་བྱ་སྟེ། །
འབྱོར་ཡང་དགའ་བས་དྲེགས་མི་བྱ། །
ལས་ཀྱི་འཕེན་པ་རྒྱང་རིང་བས། །
སྐྱིད་སྡུག་སྣ་ཚོགས་ད་གདོད་འབྱུང་། །

不因贫困而伤感，

不因富有就傲慢，

业果报经很遥远，

伴随种种苦和乐。

རབ་ཏུ་བྱེད་པ་དགུ་པ། ཆོས་བརྟག་པ།

第九品　辨佛法篇

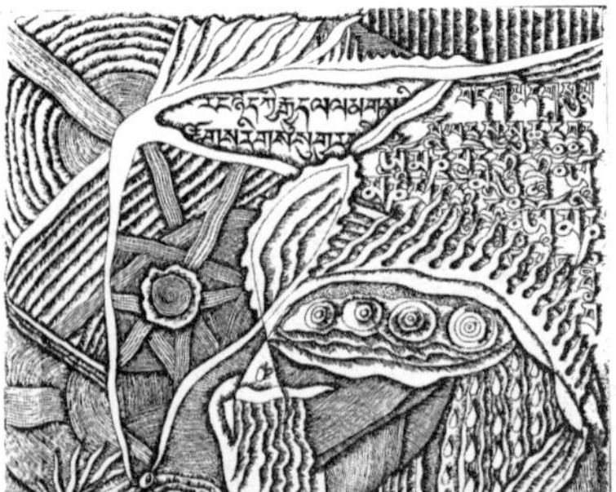

399

འགྲོ་མགོན་སངས་རྒྱས་བཞུགས་བཞིན་དུ།།
སྟོན་པ་གཞན་ལ་གུས་བྱེད་པ།།
ཡན་ལག་བརྒྱད་ལྡན་ཆུ་འགྲམ་དུ།།
བ་ཚྭའི་ཁྲོན་པ་བརྐོ་བ་ཡིན།།

怙主佛祖在世时，
叩拜各种外道师；
犹如水源充足地，
挖掘一口苦水井。

400

དངོས་པོ་གང་དང་གང་ལ་ཡང་།།
གོམས་ན་དཀའ་བ་ཅི་ཡང་མེད།།
བཟོ་ཡི་རིག་བྱེད་སྦྱངས་པ་ལྟར།།
དམ་ཆོས་དཀའ་བ་མེད་པར་འགྱུབ།།

无论从事任何事，
养成习惯无困难；
犹如学习诸手艺，
修成佛法也不难。

401

གང་ཞིག་ཁུང་དུས་ཆོག་ཤེས་པ།།
དེ་ཡི་ལོངས་སྤྱོད་ཟད་མི་ཤེས།།
ཆོག་ཤེས་མེད་པར་ཚོལ་བ་ལ།།
སྡུག་བསྔལ་ཆར་བཞིན་རྒྱུན་དུ་འབབ།།

如能保持知足感，
财富就能享不尽；
只求财富不知足，
痛苦像雨不间断。

402

ནམ་དགོས་ཚེ་ན་ལེན་པ་ཡི།།
ནོར་ནི་སྦྱིན་པར་ཐུབ་པས་གསུངས།།
བསགས་པའི་ནོར་ནི་སྦྲང་རྩི་ལྟར།།
ནམ་ཞིག་གཞན་གྱིས་སྤྱོད་པར་འགྱུར།།

佛说随缘取财富，
必要之时会施舍；
积累钱财如同蜜，
最终会被他人享。

403

འཇིག་རྟེན་འདི་ན་བུན་བཏང་བས། །
དངོས་པོ་ཐོབ་པའི་ངེས་པ་མེད། །
སློང་ལ་བྱིན་ན་འབད་མེད་པར། །
ཆུང་ཡང་བརྒྱ་འགྱུར་ཐོབ་པ་ཡིན། །

今生放出各种债，
不定多少能回收；
虽给乞丐施舍少，
会有百倍之福报。

404

འཇུངས་ལ་ཕྱུག་པོ་མི་སྲིད་ཅིང་། །
གཏོང་ལ་དབུལ་པོ་མི་སྲིད་པས། །
འཇུངས་པ་ནོར་དད་ཆུང་བ་དང་། །
གཏོང་བ་ནོར་ལ་རྔམ་པ་འདྲ། །

贪者不会成富翁，
施者不会成穷人，
贪者看似不爱财，
施者倒像贪财人。

405

བྱིན་ན་དབུལ་འགྱུར་དོགས་པ་ཡིས། །
འཇུངས་པས་སྦྱིན་པ་མི་གཏོང་ལ། །
སེར་སྣས་ངེས་པར་ཕོངས་འགྱུར་བས། །
བློ་ལྡན་ཅུང་ཟད་རྙེད་པ་གཏོང་། །

害怕布施而变穷，

贪者不愿做施舍；

贪者必定会变穷，

智者获利就施舍。

406

བཞག་ན་ནོར་སྐྱེད་མི་འཕེལ་བས། །
ཚོང་པས་ཟོང་རྣམས་འགྲིམས་པ་ལྟར། །
བསགས་ན་དབང་ཕྱུག་མི་ཐོབ་པས། །
མཁས་པས་ཚོང་བཞིན་ཕྱོགས་བཅུར་སྟེར། །

积压货物不赚钱，

商人到处做展销；

只靠积攒不变富，

智者随处做施舍。

407

བྱེ་བ་སྟོང་ཕྲག་གཏེར་ཡོད་ཀྱང་། །
སུ་ཞིག་ལ་ཡང་གཏོང་མི་བྱེད། །
དེ་དག་འཇིག་རྟེན་འདི་དབུལ་ཞེས། །
ཐོས་མང་རྣམས་ཀྱིས་དེ་སྐད་བཤད། །

尽管拥有无数宝，
不愿施舍半文钱；
广闻博学智者说，
没有比他更穷者。

408

རིགས་རྒྱུད་རྒུད་ཀྱིས་དོགས་པས་ན། །
བློ་ཆུང་ཅུང་ཟད་རྙེད་པ་གསོག །
མཁས་པ་རིགས་རྒྱུད་མཐོ་ཐོབ་ཕྱིར། །
གསུག་བཞིན་གཞན་ལ་སྦྱིན་པ་གཏོང་། །

愚者担心后人穷，
一有钱财就积攒；
智者为兴旺后代，
布施犹如发薪资。

409

རིགས་རྒྱུད་ཕྱུག་པོར་བྱ་སྙམ་ནས།།
རང་ཉིད་བཙོངས་ནས་བུ་ལ་སྐྱེར།།
བུ་ངན་པ་ལ་རྐོལ་བཞིན་དུ།།
ནོར་རྣམས་བརླགས་ནས་ཁྱི་བཞིན་འཁྱམ།།

有人为了后代富，
变卖自己留子孙；
逆子时常违父愿，
耗尽钱后似狗游。

410

ཇི་ལྟར་ཕ་མ་བུར་བྱམས་ཀྱང་།།
དེ་ལྟར་བུ་ཚས་ཕ་མ་མིན།།
ཕ་མས་བུ་ཚ་བསྐྱངས་བསྐྱངས་ནས།།
ཕ་མ་རྒས་ན་བུ་ཚས་བརྙས།།

尽管父母爱子女，
子女不会同样待；
尽管父母护子女，
父母老后遭子虐。

411

ནོར་གསོག་འཛུགས་པའི་ཕྱུག་པོ་དང་། །
དགོས་སར་གཏོང་བའི་ཕྱུག་པོ་གཉིས། །
རང་དང་རིགས་རྒྱུད་གཉིས་ཀ་ལ། །
འཇིག་རྟེན་གཞན་གྱིས་བྱེ་བྲག་འབྱེད། །

只会积累钱财者，
需要钱时好施者，
他们以及其后人，
来世就会有区别。

412

སྲིད་པའི་ཁོལ་པོར་གྱུར་པ་རྣམས། །
སྡུག་དང་བསྡོས་ནས་ནོར་ཕྱིར་འབྲང་། །
ཆོག་ཤེས་ཅན་གྱིས་ནོར་རྙེད་ཀྱང་། །
དེས་པ་བཞིན་དུ་གཞན་ལ་སྟེར། །

成为轮回奴隶者，
只为积财而忙碌；
知足获得钱财后，
心安理得施予人。

413

བདོག་པ་བཏང་བས་སྦྱིན་པ་རྫོགས།།
དེ་ལ་ཁྲོ་ན་བཟོད་པ་འཕེལ།།
ཚིམ་ན་རྗེས་སུ་ཡི་རང་བསྒོམ།།
དེས་ན་སྦྱིན་པ་ཆོས་ཀྱི་མཆོག །

放弃获得是施舍，
遭遇怒骂能容忍，
别人满意才高兴，
修法施舍之根本。

414

སྡུག་བསྔལ་རྒྱ་མཚོའི་སྣོད་གྱུར་པའི།།
ལུས་འདི་དགྲ་དང་འདྲ་མོད་ཀྱི།།
བློ་དང་ལྡན་པས་འཕོལ་ཤེས་ན།།
འདི་ལ་བསོད་ནམས་རྟེན་དུ་རུང་།།

犹如痛苦之海洋，
此身有时似敌人；
智者只要会支配，
仍能使之成福本。

415

སྐད་ཅིག་འཇིག་པའི་ཚེ་ན་ཡང་། །
དགེ་བའི་བག་ཆགས་རིང་དུ་འཕྱེར། །
རླུང་གིས་བསྐོས་པའི་ཙན་དན་དྲི། །
རིང་དུ་འཐུལ་ཡང་དགའ་བ་བསྐྱེད། །

生命会在刹那失，
若有善行留百世；
犹如风扬檀香味，
传到远方令人喜。

416

ཡུན་རིང་བདེ་བ་སྤྱད་སྤྱད་ནས། །
འབྲལ་བའི་སྡུག་བསྔལ་ལྷག་པར་ཆེ། །
རང་དབང་མེད་པར་འཆི་དགོས་པ། །
འདི་ལ་རྟག་འཛིན་དེ་དག་བརླག །

长期共同享受福，
离别致使痛更大；
谁都不能摆脱死，
持有邪见毁一切。

417

གཉེན་བཤེས་ཀུན་གྱིས་མཐའ་བསྐོར་ཏེ།།
གཅོམ་བརྒྱངས་མིག་རྩ་ཤིན་ཏུ་ཞན།།
གང་ཕྱོགས་འགྲོ་བའི་གཏོལ་མེད་པ།།
དེ་ཚེ་དགེ་བ་གཞན་རྣམས་ཕུང་།།

亲友围绕在身旁，
气息奄奄目无光，
不知死后归何处，
佛法之外无用场。

418

ངན་སོང་གསུམ་པོའི་ནད་རྣམས་ནི།།
མ་བྱུང་བ་ནས་གསོ་བར་བྱ།།
གནམ་ལྕགས་མགོ་ལ་བབ་པ་ལྟར།།
ཐོག་ཏུ་བབས་ན་ཅི་བྱར་ཡོད།།

三种恶趣之征兆，
未现之前要提防；
否则就如遭霹雳，
落到头上无奈何。

419

མཛའ་བཤེས་ཀུན་དང་བྲལ་བ་དང་། །
ངེས་པར་འཆི་བ་ཤེས་བཞིན་དུ། །
ད་དུང་བདེ་བར་གཉིད་ཡེབས་པ། །
བདག་ཉིད་སྙིང་ལ་ཅི་ཞིག་ཞུགས། །

明知亲友要诀别，
知道自己亦会亡，
然而还能酣然睡，
究竟何魔入其魂。

420

གང་གིས་བརྩོན་པར་མི་ནུས་ཀྱང་། །
ཅི་ནས་ངན་འགྲོར་མི་ལྟུང་བྱ། །
དཔའ་བོས་དགྲ་སྡེ་མ་སོད་ནའང་། །
རང་ཕྱོགས་གསོད་པར་བྱེད་དམ་ཅི། །

尽管个人不勤奋，
也应避免入恶趣；
英雄虽不能杀敌，
绝对不害自己人。

421

འཕྲལ་དུ་ཅུང་ཟད་སྡུག་ན་ཡང་།།
རྒྱུན་དུ་བདེ་བ་མཁས་པས་བསྟེན།།
གཏར་བསྲེག་དག་གིས་ནད་འདོན་པ།།
སྨན་པ་མཁས་པའི་གཞུང་ལུགས་ཡིན།།

虽然暂时遭苦难，
智者仍为长远学；
犹如用灸治疾病，
出自高明者医典。

422

གལ་ཏེ་གཞན་དག་ཕུན་ཚོགས་པས།།
བདག་གི་ཡིད་ལ་མི་བཟོད་ན།།
དེ་ཡིས་རང་འགྱུར་འཛོམས་པའི་ཕྱིར།།
རང་ལ་ཕྲག་དོག་བྱེད་པར་ཟད།།

若因别人之幸福，
引起自心之怨恨；
犹如为了毁自福，
就对自我起嫉妒。

423

གནོད་པར་བྱ་ཕྱིར་དགྲ་འཛོམས་ན།།
ཁྱེད་ཀྱིས་ཁྲོ་བ་པོ་ན་ཆོམས།།
ཁྲོ་བས་འཁོར་བ་ཐོག་མེད་ནས།།
བདག་ལ་གནོད་པ་མཐའ་ལས་འདས།།

要想消除敌危害，
只有克制自怨恨；
怨恨就在轮回中，
危害众生无数次。

424

གལ་ཏེ་དགྲ་ཀུན་བརླག་འདོད་ན།།
བསད་པས་དེ་ཀུན་ག་ལ་འཛད།།
རང་གི་ཁྲོ་བ་གཅིག་བཅོམ་པས།།
དགྲ་ཀུན་ཅིག་ཅར་བསད་པ་ཡིན།།

想要消灭所有敌，
依靠杀戮难灭尽；
若能克制自愤怒，
同时消灭所有敌。

425

མཐུ་ཆེན་གཟུ་ལུམས་སྟོད་པ་ལ།།
ཁྲོས་ན་རང་ལ་ལྷག་པར་གནོད།།
དམ་པ་ཉེ་བར་ཞི་བ་ལ།།
ཁྲོ་བར་བྱ་རྒྱུ་ག་ལ་ཡོད།།

装作强悍狂暴者，

愤怒对己更有害；

具智圣贤温和者，

没有能使他愤怒。

426

སྔོང་བུ་གཅིག་ལས་སྐྱེས་པ་ཡི།།
རྩྭ་རྣམས་རླུང་གིས་ཕྱོགས་བཅུར་འཐོར།།
དེ་བཞིན་ལྷན་ཅིག་སྐྱེས་པ་ཡི།།
སྐྱེ་བོ་ལས་ཀྱིས་སོ་སོར་འབྲལ།།

犹如同根之枯草，

容易被风吹四方；

同时诞生之众生，

业缘趋向各归宿。

427

སྔོན་ཆད་མ་མཐོང་འབྲེལ་བར་འཐམས།།
དེ་ནས་སྐར་ཡང་གཞན་འགྲོ་བའི།།
མི་དེ་བདག་དང་ཅིར་འབྲེལ་ན།།
ཤི་ནས་སྡུག་ངན་ཆེན་པོ་བྱེད།།

昔日素昧今亲密，
短暂相聚各奔程，
和他交往有深浅，
死后肯定有痛苦。

428

རང་དོན་འབད་པས་བསྒྲུབ་འདོད་ན།།
དེ་ཡིས་དང་པོར་གཞན་དོན་སྒྲུབས།།
རང་དོན་ཁོ་ན་གཙོར་བྱེད་པ།།
དེ་ཡིས་རང་དོན་འགྲུབ་མི་སྲིད།།

如果办成自己事，
首先应办他人事；
只会谋算私利者，
不能办成自己事。

429

མི་གང་གཞན་དོན་གཙོར་བྱེད་ན།།
གཡོ་ཅན་རང་དོན་སྒྲུབ་པ་འདྲ།།
རང་དོན་འབའ་ཞིག་གཙོར་བྱེད་པ།།
གཞན་མགོ་འདོན་ཕྱིར་དྲང་པ་འདྲ།།

只求利益他人者，
倒像骗子谋私利；
只求自私自利者，
常会装成老实人。

430

བློ་ལྡན་ཚེ་འདི་བསྒྲུབ་ན་ཡང་།།
ཆོས་ཀྱིས་བསྒྲུབ་ན་བདེ་བར་འགྱུར།།
དམ་པ་རྣམས་དང་ཆོམ་རྐུན་གྱི།།
ཕུན་སུམ་ཚོགས་པའི་ཁྱད་པར་ལྟོས།།

智者虽在此生修，
修成佛法能安乐；
比如圣人和盗贼，
二者圆满有差异。

431

མི་རྣམས་ཚེ་ཐུང་དེ་ཡི་ཕྱེད། །
མཚན་མོ་གཉིད་ལོག་ཤི་དང་འདྲ། །
ན་ཙའི་སྡུག་བསྔལ་རྒ་ཚོགས་ཀྱིས། །
ཕྱེད་པོའང་བདེ་བར་སྤྱོད་དུ་མེད། །

短暂人生之一半，

就在如死酣睡中，

疾病衰老等痛苦，

各半不能享幸福。

432

སྐྱེ་བོ་ཀུན་གྱི་དྲུང་སྡོད་པའི། །
འཆི་བདག་གལ་ཏེ་མངོན་སུམ་མཐོང་། །
བྱ་བ་གཞན་དག་ལྟ་ཅི་སྨོས། །
ཟ་བར་དྲན་པའི་ནུས་པ་མེད། །

如果能够亲眼见，

伴随自身之死神，

别说去做其他事，

就连食欲亦全无。

433

ཁྱོད་ཀྱིས་བྱ་བ་ཟིན་ནམ་ཞེས།།
འཆི་བདག་སྡོད་པར་མི་འགྱུར་གྱིས།།
ངེས་པར་བྱ་དགོས་ཡོད་ན་ནི།།
དེ་རིང་ཉིད་དུ་བརྩོན་ལ་གྱིས།།

不管是否做完事，
死神不会等片刻；
如果还有未做尽，
现在就应努力行。

434

བདག་གི་བྱ་བ་མ་ཟིན་པས།།
རེ་ཞིག་དེ་རིང་ཁྱོད་བཞུགས་ཞེས།།
མཆི་མས་བརྔངས་ཏེ་གསོལ་བཏབ་ཀྱང་།།
འཆི་བདག་བཙོས་སུ་ག་ལ་རུང་།།

我还没有做完事，
请你慈悲等一天；
不管怎样去请求，
死神从不延时辰。

435

འདུ་འཛི་སྤངས་པ་བདེ་བ་སྟེ། །
མིན་ན་བཟང་པོ་རྣམས་དང་འགྲོགས། །
དུག་སྦྲུལ་གསོ་བ་ག་ལ་ལེགས། །
གསོ་ན་བཟླས་བརྗོད་བརྩོན་པར་གྱིས། །

远离喧嚣获安乐，
要么结交好朋友；
饲养毒蛇没好处，
要养勤于诵咒语。

436

སེམས་ནི་རྣམ་པར་གཡེངས་པ་ལ། །
དམ་ཆོས་སྒྲུབ་པའི་གོ་སྐབས་མེད། །
ཉེ་བར་ཞི་བར་གནས་པ་ལ། །
སེམས་ནི་ལས་རུང་ཤིན་ཏུ་ཉེ། །

时常心神不定者，
没有修佛之机会；
时常保持清净心，
不会离佛太遥远。

437

དམིགས་པ་ཀུན་ལ་རབ་མཁས་ཤིང་། །
ཏིང་ངེ་འཛིན་གྱིས་སེམས་དུལ་བ། །
འཕགས་པའི་ཆོས་ལ་རབ་སྦྱངས་ན། །
ཡོན་ཏན་ཀུན་གྱི་ཞིང་ས་ཡིན། །

精通所有观所缘，
并用禅定降心魔，
又能专心学佛法，
就是圆德之根本。

438

བླུན་པོ་སློབ་པ་ངོ་ཚར་འཛིན། །
མཁས་རྣམས་མ་བསླབས་ངོ་ཚར་འཛིན། །
དེས་ན་མཁས་རྣམས་རྒས་གྱུར་ཀྱང་། །
ཕྱི་མའི་དོན་དུ་རིག་པ་སློབ། །

愚者以学为耻辱，
智者不学为耻辱；
智者虽然年已迈，
还为来生积知识。

439

ཤེས་རབ་མེད་པའི་རྒྱུ་མཚན་གྱིས། །
བླུན་པོ་ཡོན་ཏན་མི་སློབ་ལོ། །
བརྟགས་ན་ཤེས་རབ་མེད་ཉིད་ཀྱིས། །
བླུན་པོས་འབད་པ་ལྷག་པར་དགོས། །

愚者总以无智慧，
作为不学之借口；
按理如果没智慧，
愚者更要努力学。

440

སྐྱེ་བ་སྔ་མར་མ་བསླབས་པས། །
ཚེ་འདིར་བླུན་པོར་མཐོང་ནས་ནི། །
ཕྱི་མར་བླུན་པོར་སྐྱེ་དོགས་པས། །
ཚེ་འདིར་དཀའ་ཡང་འབད་དེ་མཉན། །

只因前世没学习，
今世只能做愚人；
若怕来世仍愚蠢，
今生再难也要学。

441

བསྒོམ་ན་ཐོས་པ་མི་དགོས་ཞེས།།
བླུན་པོ་བློ་རྒྱ་ཆུང་ངུ་སྨྲ།།
ཐོས་པ་མེད་པར་བསྒོམ་པ་ཙམ།།
འབད་ཀྱང་དུད་འགྲོའི་སྒྲུབ་ཐབས་ཡིན།།

坐禅不用广学问，
不求甚解之说法；
不闻佛法只坐禅，
乃是畜生之修法。

442

རྒྱུ་འབྲས་བསླུ་བ་མེད་པ་འདི།།
ཐམས་ཅད་མཁྱེན་པའི་ཁྱད་ཆོས་ཡིན།།
མ་བསླབས་པ་ལ་ཀུན་མཁྱེན་དུ།།
འགྲོ་ན་རྒྱུ་འབྲས་ག་ལ་བདེན།།

因果不虚客观律，
通达佛法之根本；
如果不学成遍知，
证明因果非真理。

443

ཐོས་པ་མེད་པའི་བསྒོམ་པ་དེ།།
རེ་ཞིག་གྲུབ་ཀྱང་མྱུར་དུ་འཇིག།
གསེར་དངུལ་ལེགས་པར་བཞུ་ན་ཡང་།།
མེ་དང་བྲལ་ན་སྲ་བར་འགྱུར།།

不闻佛法只坐禅，
暂获成就很快失；
犹如金银虽炼熔，
只要离火就变硬。

444

ཤེས་རབ་ཀྱིས་ནི་གཏིང་བརྟགས་ནས།།
ཉེས་རྒྱུ་སྦྱོང་བ་སྒོམ་པ་ཡིན།།
ལུས་ཀྱི་དྲི་མ་བཀྲུས་པ་ལྟར།།
བསྒོམས་ཀྱང་རིང་ཞིག་ལོན་ནས་སློག།

依靠智慧来反省，
修禅能断诸无明；
恰似洗涤身上污，
不思禅修复玷污。

445

རྒྱུ་འབྲས་ཕུལ་བྱུང་མ་ཚོགས་པར།།
བདག་མེད་རྟོགས་ཀྱང་འཚང་མི་རྒྱ།།
ཐབས་མཆོག་དག་གིས་མ་བསྐྱུབས་པའི།།
བདེན་པར་མཐོང་ཡང་དགྲ་བཅོམ་མིན།།

殊胜因缘未全时，
通达无我难成佛；
不用殊胜方便行，
虽见真谛非罗汉。

446

དེས་ན་ཆོས་རྣམས་ལེགས་རྟོགས་ཏེ།།
ཏིང་ངེ་འཛིན་ལ་སེམས་བཞག་ན།།
ཉེས་པ་བག་ཆགས་དང་བཅས་པ།།
གང་གིས་སྤངས་པ་རྫོགས་འཚང་རྒྱ།།

能够通达诸佛法，
同时能够入禅定，
就能断灭所有过，
也能欣然获正果。

447

གང་ལ་བློ་གྲོས་མི་ལྡན་ན། །
བསྟན་བཅོས་ལེགས་ཀྱང་སུ་ཞིག་ལེན། །
ནོར་བུས་སྤྲས་པའི་གསེར་གྱི་རྒྱན། །
མཛེས་ཀྱང་བ་ལང་ག་ལ་ལྟ། །

如果没有特殊智，
经典再好不会学；
镶嵌宝石之金饰，
再美不被黄牛理。

448

མཁས་པ་རྣམས་ཀྱིས་ལེགས་བཤད་ཀུན། །
ཤིན་ཏུ་བདེན་པར་གོ་བཞིན་དུ། །
དེ་དོན་ཉམས་སུ་མི་ལེན་ན། །
བསྟན་བཅོས་ཤེས་ཀྱང་ཅི་ཞིག་བྱ། །

智者会把诸格言，
当作真理来实践；
只懂道理不实践，
学会经典也无用。

449

རང་ལ་དགོས་པའི་བསྟན་བཅོས་རྣམས།།
ཉི་མ་རེ་རེར་ཚིག་རེ་ཟུངས།།
གྲོག་མཁར་དང་ནི་སྦྲང་རྩི་ལྟར།།
རིང་པོར་མི་ཐོགས་མཁས་པར་འགྱུར།།

自己所需经典中，
只要每天记一句；
如蜂酿蜜蚁做窝，
短时间内成智者。

450

ལེགས་པར་སྤྱོད་ལ་འཇུག་འདོད་ན།།
ཅི་ནས་དེ་ཡི་ཁ་མཉན་ཏེ།།
རྣམ་པ་ཀུན་ཏུ་སྙན་བཙུགས་ནས།།
སྲོག་ལ་བབས་ཀྱང་ལུགས་བཞིན་བསྐྱང་།།

若愿修持菩萨行，
必须恭听诸佛法，
始终必须有恒心，
即使舍命也护法。

451

དེ་ལ་འབད་པས་གཞུང་ལུགས་ནས། །
འབྱུང་བཞིན་གཉེན་པོས་བསྒྲུབ་ནུས་ན། །
མཁས་རྣམས་རྫུན་པ་མི་གསུང་གི །
འདི་ཡི་ཕན་ཡོན་ཕྱི་ནས་ལྟོས། །

若依佛典精要义，
相生相克法修行；
智者不用说谎言，
修成功德自分明。

452

སྔོན་ཡང་འདི་བཞིན་སྤྱོད་རྣམས་འཕེལ། །
ད་ལྟ་ན་ཡང་དེ་ལྟར་མཐོང་། །
གཏན་ཚིགས་བཟང་པོ་འདི་ཡིས་ནི། །
མ་འོངས་རྣམས་ཀྱང་ཕུན་ཚོགས་འཐོབ། །

过去依此者兴旺，
现在依此亦兴旺；
依靠智慧格言者，
未来也能获美满。

453

བློ་ལྡན་རང་གིས་ཤེས་ན་ཡང་། །
མཁས་པའི་གཞུང་ལུགས་གུས་པས་བལྟ། །
རིན་ཆེན་ཤིན་ཏུ་བཟང་པོ་ཡང་། །
མ་བཙོངས་བར་དུ་རིན་ཐང་ཆུང་། །

智者拥有诸知识，
也会虔诚学典籍；
珍宝虽然有价值，
未销之前不显价。

454

ནགས་ཚལ་ཤིན་ཏུ་མང་མོད་ཀྱང་། །
ཙན་དན་ས་མཆོག་སྐྱེ་བ་ཉུང་། །
དེ་བཞིན་མཁས་པ་མང་ན་ཡང་། །
ལེགས་བཤད་འབྱུང་བ་ཤིན་ཏུ་དཀའ། །

虽有很多森林地，
生长檀香为罕见；
虽然多地有学者，
精通格言者罕见。

455

རྟ་མཆོག་འགྲོ་བའི་ཚེ་ན་ཤེས། །
གསེར་དངུལ་བཞུ་ན་ཤེས་པར་འགྱུར། །
གླང་ཆེན་གཡུལ་ངོར་ཤེས་འགྱུར་ཏེ། །
མཁས་པ་ལེགས་བཤད་རྩོམ་ན་ཤེས། །

路途遥远识骏马，
依靠冶炼断金银；
驰骋疆场显象威，
著书立说显智者。

456

གང་ཞིག་འཇིག་རྟེན་ཐམས་ཅད་ཀྱིས། །
རང་ལ་ཚད་མར་བྱེད་འདོད་ན། །
དེ་ཡིས་གཞུང་འདི་ལེགས་བརྟགས་ཏེ། །
གཉེན་པོ་བསྐྱེད་ལ་འབད་དེ་བསྒྲུབ། །

若想成为世人间，
是非取舍标准者，
仔细研读此典后，
对症下药勤实践。

457

འཇིག་རྟེན་བྱ་བ་ལེགས་ཤེས་པ། །
དེ་ཡིས་དམ་པའི་ཆོས་ལུགས་འགྲུབ། །
དེས་ན་ཆོས་ལུགས་སྐྱོད་པ་དེ། །
བྱང་ཆུབ་སེམས་དཔའི་རྣམ་ཐར་ཡིན། །

通达世间所有事，

就能圆满修佛法，

如实修持诸佛法，

就是菩萨广大行。

འཚོ་བྱེད་ཟས་སུ་སྦྲོ་བཏགས་ནས། །
སྨན་གྱིས་ནད་ཆེན་གསོ་བ་ལྟར། །
འཇིག་རྟེན་ལུགས་ཀྱི་རྗེས་འབྲངས་ནས། །
བདག་གིས་དམ་པའི་ཆོས་འདི་བསྟན། །

犹如用药制成食，
医治顽固之疾病；
利用入世诸方法，
诠释殊胜之佛教。

ཐོས་པ་རྒྱ་མཚོའི་སྙིང་ལས་ལེགས་འཁྲུངས་ནས། །
བློ་གྲོས་ཀླུ་ཡི་དབང་པོས་ཡོངས་བཟུང་བ། །
དཔལ་ལྡན་ལེགས་པར་བཤད་པ་རིན་ཆེན་གཏེར། །
བློ་གསལ་བློ་ཡི་བང་མཛོད་དགང་བ་དང་། །
མཁས་པ་རྣམས་ཀྱིས་འདོད་དགུ་བསྒྲུབ་པའི་ཕྱིར། །
ཤཱཀྱའི་དགེ་སློང་ཀུན་དགའ་རྒྱལ་མཚན་དཔལ། །
བཟང་པོས་དགེ་བའི་ཡིད་ཀྱིས་ལེགས་བརྟགས་ནས། །
ཕྱོགས་རྣམས་གསལ་བར་བྱ་ཕྱིར་འདི་སྦྱརོ། །

闻自殊胜知识海洋之，
智慧犹如龙王所持宝，
依此建构瑞祥格言藏，
能够装饰智慧者心智，
以及圆满世间所有愿，

本为释迦法统比丘之，
贡嘎坚赞深思熟虑后，
圆满呈现诸事著此作。

དེ་ལས་བྱུང་བའི་དགེ་བ་དྲི་མ་མེད།།
བསིལ་ཟེར་བྱེད་པོའི་འོད་ལྟར་རབ་གསལ་བས།།
སྐྱེ་བོ་སྙིང་གི་མུན་པ་ཕྱིར་བསལ་ཏེ།།
བློ་གསལ་བློ་ཡི་ཀུ་མུད་རྒྱས་གྱུར་ཅིག།

依此所作格言无瑕疵，
犹如满月之光呈祥瑞，
由此消除所有智慧障，
犹如月光解开睡莲花。

ཤེས་བྱ་ཀུན་ལ་རབ་སྦྱངས་པས།།
ཐམས་ཅད་མཁྱེན་པ་ཐོབ་བྱའི་ཕྱིར།།
དེས་ན་བདག་གི་བསྟན་བཅོས་འདི།།
རྫོགས་པའི་སངས་རྒྱས་ཐོབ་ཕྱིར་བྱས།།

勤修苦学诸知识，
皆为获得遍智者，
因此著作此格言，
亦为获得等觉果。

ལེགས་པར་བཤད་པ་རིན་པོ་ཆེའི་གཏེར་ཞེས་བྱ་བའི་བསྟན་བཅོས། ཡུལ་བྱང་ཕྱོགས་ཀྱི་རྒྱུད་ཁ་བ་ཅན་གྱི་ལྗོངས། བྱང་ཆུབ་ཀྱི་སྙིང་པོ་རྡོ་རྗེའི་གདན་ལས་དཔག་ཚད་བརྒྱ་བགྲོད་པའི་གནས། གཙང་ལ་སྟོད་གྲོམ་པ་དཔལ་ས་སྐྱའི་གཙུག་ལག་ཁང་དུ་གནས་པ། འཇམ་པའི་དབྱངས་ཀྱི་ཐུགས་ཀྱི་འོད་ཟེར་གྱིས་བློའི་པདྨའི་ཟེའུ་འབྲུ་ཅུང་ཟད་ཁ་ཕྱེ་བས། སྒྲ་དང་། ཚད་མ་དང་། སྙན་ངག་དང་། སྡེབ་སྦྱོར་དང་། ཚིག་གི་རྒྱན་དང་། བདེ་བར་གཤེགས་པའི་གསུང་རབ་ཀྱི་དོན་ཡོངས་སུ་གྲགས་པ་ཕལ་མོ་ཆེ་ཐོས་ཤིང་རྟོགས་ནས་ཁོང་དུ་ཆུད་ཅིང་འདྲིས་པར་བྱས་པས། ལུང་དང་རིགས་པ་དང་མན་ངག་གི་གནད་ཕྱིན་ཅི་མ་ལོག་པར་བློ་གྲོས་ཀྱི་སྣང་བ་ཐོབ་པ། འཆད་པ་དང་། རྩོམ་པ་དང་། རྩོད་པ་ལ་སོགས་པའི་ཚུལ་ལ་སྤོབས་པ་དགེ་བ་ཅན། ཤཱཀྱའི་དགེ་སློང་རིགས་པར་སྨྲ་བ་ཀུན་དགའ་རྒྱལ་མཚན་དཔལ་བཟང་པོ་ཞེས་བྱ་བས། དཔལ་ས་སྐྱའི་དགོན་པར་ལེགས་པར་སྦྱར་བ་རེ་ཞིག་རྫོགས་སོ། །མངྒ་ལཾ། །

冠以《萨迦格言如意宝藏》的著作，是在位于北部雪域祥瑞之地，也是在距圣地金刚座百余由旬之地的后藏拉堆萨迦寺中，由承蒙文殊菩萨智慧之光所眷顾者，在声明、因明、诗学、韵律、词藻，以及对如来释迦牟尼殊胜共许教法经典等，获有广泛听闻并融化于内心，在教证秘诀等方面拥有造诣并启智慧之光，在讲辩著等方面均具勇气和信念的，释迦比丘贡嘎坚赞贝桑布著作于萨迦寺。

吉祥！

以上文本根据青海民族出版社2006年版《藏族格言大观·萨迦格言篇》译成。